イラスト版 子どもの対話力

多田孝志＋石田好広［監修］
［目白大学人間学部教授］　［足立区立梅島小学校副校長］

学習スキル研究会［編］

上手に意思を伝える43の対話トレーニング

合同出版

読者のみなさまへ

　多様な人びとと語り合うのは楽しいことです。自分の世界が広がっていく快感を味わうことができます。いま多文化共生社会が現実のものとなりつつあります。多様な人びととコミュニケーションする力は、そうした世の中で生きていくうえでの基本的なスキルです。

　ところが、「コミュニケーションに自信がない」「人前で話すのは苦手だ」と感じている子どもは少なくありません。

　コミュニケーションに自信がない子ども、人前で話すことが苦手な子どもは、じつはコミュニケーション力を高める素地をもっているといえます。長年小学校の教師を務め、その後、中学校・高校で国語科の教師をしてきたわたしは、これまでたくさんの教え子たちと出会ってきました。教え子のなかには、寡黙な子どもがたくさんいました。反対に、自分勝手にしゃべりすぎてまわりから煙たがられていた子どももいました。こうした子どもたちは、口下手な子、あるいは、コミュニケーションのうまくいかない子とされていました。

　しかし、寡黙な子どもは、よく考えたり、相手の立場や心情に配慮したりして表現が慎重になるために、すぐには表現ができないのです。一方、自分勝手にしゃべりすぎる子は、あふれるような思いをうまくコントロールできないのです。それぞれ、よいものをもっているのです。ですから、こうした子どもたちが自信を深め、話す技術や聞く技術を学べば、自分たちのよさを発揮して、ぐんぐんとコミュニケーション力を高めていきます。

　この本は、そうした子どもたちが、自信をもって、楽しくコミュニケーションする力を高めていくことを目的に作成しました。この本を活用することで、いろいろな人びとと話し合うことがとても楽しいことに、子どもたちは自然と気づきます。そうした体験をくり返すうちに、いつの間にか話し合いが好きになっている自分を発見し、その過程で聞く・話す・対話する力が高まっていきます。

　この本の執筆を担当した学習スキル研究会には、小学校、中学校、高校、大学の教師やマスメディア・民間教育関連団体の人びとが参集し、子どもたちのコミュニケーションスキルを高めるための指導法を開発、実践しています。この本には、研究会のメンバーが試行し、効果を確認した「口べたな子どもでもできる、コミュニケーション力を高めるためのよりすぐりの手法」が紹介されています。

　この本が活用され、子どもたちが多様な人と対話する楽しさを味わえるようになることを願ってやみません。

多田孝志

この本の構成と使い方

　この本は、「第1章　自信をもてるようになるワーク」「第2章　友だちの話を聞こう」「第3章　自分の考えを話そう」「第4章　友だちとの対話を深めよう」「第5章　対話力を高めるワーク」の5章から構成されています。第1章では、対話の土台となる自分自身に自信をもつための活動、第2章では、よい聞き手になるための活動、第3章で、自分の思いや考えを上手に伝えるための活動、第4章で、第2章や第3章で学んだことをいかして対話をするための活動、そして、第5章では、さまざまな体験活動を通して対話を経験することで、実社会に生きて役に立つ対話力を高めることができるようになっています。

　この本は、子どもの対話力を育てるための指導書です。しかし、各項目は、イラストや図表を用い、子どもが直接読めるように書かれています。したがって、この本の一部、または全部を子どもに手渡し、各項目の内容に取り組ませてもよいでしょう。各項目は、見開き2ページで完結していますので、どこからでも読みすすめることができます。

　各項目の右上には、その項目に取り組む上での難易度を「★」の数で示しました。★1つがもっとも取り組みやすく、★3つが難易度がもっとも高くなります。

　右ページの「ヒント」では、その項目でとくに意識したいポイントをアドバイスしています。子どもに向けて書かれていますが、指導者があらかじめ「ヒント」の内容を意識して指導してください。

　巻末の「解題」には、子どもの対話力を高めるための基本的考え方や留意点が記してあります。

■もくじ

読者のみなさまへ　2
この本の構成と使い方　3

第1章　自信をもてるようになるワーク…………7
1. 自分のよいところを10個見つけよう…………8
2. 友だちに自分のよいところを見つけてもらおう…………10
3. 自分が支えられて生きていることに気づこう…………12
4. 自分が人の役に立った体験を思い出そう…………14
5. 自分の短所を長所に変えてみよう…………16
6. 1カ月後、3年後、10年後の目標を立てよう…………18

コラム　ワークシートの工夫…………20

第2章　友だちの話を聞こう…………21
1. 話しやすい人と思われよう…………22
2. 聞き上手になろう…………24
3. 相手の伝えたいことを正確に聞こう…………26
4. 感想を話せるように聞こう…………28
5. 相手が伝えたいことを引き出す質問をしよう…………30
6. 相手のほんとうに伝えたいことや気持ちを読み取ろう…………32
7. 気づいたり考えが変わったりしたら相手に伝えよう…………34
8. 意見を否定されたときの立ち直り方を身につけよう…………36

コラム　対話力の土台となる読書体験…………38

第3章　自分の考えを話そう…………39
1. まずは声を出してみよう…………40
2. 聞き手がわかりやすく聞き取りやすい工夫をしよう…………42
3. 話題を選んで印象に残る自己紹介をしよう…………44
4. 聞いてほしいという気持ちを態度で示そう…………46
5. 自分の考えをまとめておこう…………48
6. 効果的な資料を用意しよう…………50
7. 勇気を出して自分の意見をいおう…………52
8. 表情や身ぶり、手ぶりなどを加えよう…………54
9. いいにくいことをいうときは工夫してみよう…………56
10. 悩みを打ち明けよう…………58

コラム　何のための対話なのか…………60

第4章　友だちとの対話を深めよう…………61

1. やり取りがはずむ工夫をしよう…………62
2. 「少し考えさせてください」「時間をください」も立派な対話…………64
3. わかってもらえなかったらもう一度いい直そう…………66
4. 友だちからの質問や反対意見に答えよう…………68
5. 賛成・反対に意見をつけ足そう…………70
6. 意見の対立を解決する方法を身につけよう…………72
7. 意見を否定されたときはもう一度説得しよう…………74
8. 対立する意見から新しい意見を生み出そう…………76
9. 話し合いを整理してまとめよう…………78

コラム　対話の手法を取り入れた授業で子どもの学習意欲を引き出す…………80

第5章　対話力を高めるワーク…………81

1. アイスブレーキングで初対面の人とうちとけよう…………82
2. ネイチャーゲームで自発的な対話を楽しもう…………84
3. プロジェクトアドベンチャーで対話の重要性を体験しよう…………86
4. ことばを使わないコミュニケーション…………88
5. スピーチに挑戦しよう…………90
6. とっておきの話をしよう…………92
7. インタビューしよう…………94
8. ブレインストーミングを楽しもう…………96
9. アイデアをランキングしよう…………98
10. グループプレゼンテーションをしてみよう…………100

コラム　対話の積み重ねがよりよい人間関係をつくる…………102

解題…………103
参考文献…………107

組版＝Shima.／イラスト＝タカダカズヤ

第1章
自信をもてるようになるワーク

　話すことが苦手な子どもには、どんなことでもよいので、自信をもたせることが大切です。自信をもつことで、話すことへの勇気がわいてくるからです。
　この章では、自信をもてるようになるためのワークを紹介しました。どんな子どもにも、かならずよいところがあります。自分の長所を知ったり、楽しかったこと、人によろこばれたことを思い出したり、自分の夢を考えたりすることで、少しずつ自信をもてるようになります。

① 自分のよいところ

ついついだれかとくらべて、「自分はだめだ」と落ち込み、自分のことがきらいになりがちです。すると、人とのコミュニケーションにも自信がもてなくなります。しかし、だれにでもかならずよいところがあります。自分のよいところがわかると、どんどん自分が好きになります。そして、一歩踏み出して、ほかの人とコミュニケーションを取る勇気もわいてきます。

●ワークシートの使い方

①自分の「よいところ」を10個、カードに書きます。
　自分なりにがんばっていると思うところ、自分ですごいと思うところ、いいなあと思うところを考えてみます。
②見つからない場合は、自分の短所だと思うところを書き、見方を変えて、よいところにできないか考えてみます。たとえば、人見知りだと思う場合、「友だちを大切にできる」といいかえられるかもしれません。

を10個見つけよう

難易度★☆☆

ヒント　「えー、ないよ」「わからない」といって書けないときは、得意なこと、好きなこと、していて楽しいと思うことをたずね、それについて書いてみます。それでも書けないときには、親や友だちに自分のよさを聞きます。最終的には、10個書けるように努力します。

■自分のよいところを見つけよう

☆自分のよいところを10個書きましょう。

月　　日　　　　　　　　　　　年　　組（　　　　　　　　　　　）

1	
2	
3	
4	
5	
6	
7	
8	
9	
10	

② 友だちに自分のよい

　自分で自分のよいところを見つけるのは、なかなかむずかしいことです。そこで、何人かでグループになって、お互いのよいところを指摘し合いましょう。また家でも、家族の人に自分のよいところを指摘してもらいましょう。自分では何とも思っていなかったことなども、よいところとして認められていることがわかり、自信がつきます。

● ワークシートの使い方

①シートに自分の名前を書いてとなりの人に渡します。
②渡されたシートに、本人のよいところを1分間でできるだけたくさんあげ、自分の名前を書きます。
③時間がきたら、シートをとなりの人に渡します。
　本人以外の全員が書き込んだら、シートを本人にもどします。
④もどったシートの内容を読み、いちばんうれしかったコメントに印をつけます。
⑤気づいたことや思ったことを書き、みんなで振り返りをします。

ところを見つけてもらおう

難易度★☆☆

時間を十分にとって、友だちのよいところを考えます。「やさしい」「いつも元気」「字がきれい」「わからないとき教えてくれる」など、ふだん意識していなかった友だちのよさを発見できます。友だちのよいところを考えることで、自分のよさを発見するきっかけになります。

■友だちのよいところを見つけよう

☆友だちのがんばっているところやすごいと思うところ、いいなあと思うところを、できるだけたくさん書きましょう。

月 日	（　　　　　）さんへ
1	（　　　　　）より
2	（　　　　　）より
3	（　　　　　）より
4	（　　　　　）より
5	（　　　　　）より
6	（　　　　　）より
7	（　　　　　）より
8	（　　　　　）より
9	（　　　　　）より
10	（　　　　　）より

③ 自分が支えられて

だれもが、家族、友だち、地域の人など、たくさんの人に支えられて生活しています。これまでに、どんな人からどんな親切を受けたり、支えられたりしてきたかを思い出して、グループで発表し合います。自分を支えてくれている人の思いに気づくと、自分が大切な存在であると思えるようになります。そして、人と対話をすることへの勇気がだんだんと出てきます。

●ワークシートの使い方

①目を閉じて、これまでにどんな人からどんな助けを受けてきたかを思い出し、シートに書き込みます。
②その内容をグループの友だちに紹介します。
③友だちの話を聞いて思い出したことがあれば、シートに書き加えます。
④このワークをする前後で、自分の考えがどのように変わったのかについて話し合います。

難易度★☆☆

生きていることに気づこう

ヒント

小さなことでよいので、時間をかけてゆっくり思い出します。思い出せないときは、先生や親に子どものころの体験を話してもらい、同じような体験をしたことがないか考えてみます。すると、少しずつでも書けるようになります。ゆったりとした気持ちでワークに取り組めるように、BGMを流すなど工夫するとよいでしょう。

■これまでにまわりの人から助けられたことを思い出そう

☆小さなことでもよいので、時間をかけてゆっくり思い出しましょう。

月　日　　　　　　　　　　年　組（　　　　　　　　　　）

（　　　　　　）さんから

（　　　　　　）さんから

（　　　　　　）さんから

（　　　　　　）さんから

（　　　　　　）さんから

（　　　　　　）さんから

④ 自分が人の役に

家の人や友だち、地域の人たちなどからよろこばれた体験はありませんか。それは、あなたのことば・行動などが、その人の役に立ったり、認められたりしたということです。

そこで、自分が人の役に立った体験を思い出して書いてみましょう。そうすると、自分に自信をもつことができます。

●ワークシートの使い方

①人の役に立てたと思う自分の行動を1つでよいので思い出してシートに書きます。
②なぜその行動がその人の役に立ったのかを考えてシートに書きます。
③どうしたらもっと人の役に立てるか考えて、やってみたいことをシートに書きます。

難易度★☆☆

立った体験を思い出そう

 自分がまわりの人の役に立ったという体験はだれにもあるはずです。しかし、それに自分自身が気づいていないこともあります。家族といっしょにいて楽しかったこと、(学校) 行事で役割を果たしたりしたことなどを思い出し、自分が人の役に立つ存在であることに気づきます。

第1章 自信をもてるようになるワーク

■だれかの役に立ったと思った自分の行動を1つ書こう

☆人によろこばれたり、ほめられたりした体験を思い出します。

　月　　日　　　　　　　　　　　　年　　組（　　　　　　　　　　　　　）

（1）人の役に立った自分の行動は？	
だれの役に立った？	役に立てたと思う自分の行動は？

（2）なぜ、その行動が人の役に立ったのか？

（3）どうしたらもっと人の役に立てるのか？
どんなことをしたいか？

⑤ 自分の短所を長所

　自分のすべてが好きだと思える人はいません。だれでも、自分の好きになれない部分、きらいな部分があります。きらいな部分を見つめ直し、どうしたら直せるか考えてみましょう。また、短所は、見方を変えると長所と考えることもできます。短所を直す方法を見つけると同時に、長所に変える発想の転換ができると自信をもてるようになります。

●ワークシートの使い方

①シートの左側に直したい点を書きます。直したい点は、3つまでにしぼります。
②右側にどうしたら直せるか、方法を具体的に書きます。
③直したい点を、見方を変えて長所にいいかえます。

●短所
よく考えずにはじめて失敗する

あ

●長所
行動力がある

よし！やるぞ

に変えてみよう

難易度★★☆

ヒント

口べたな子は、自分に自信がもてないでいることが多いものです。自分に自信をもつことが、口べたを解消することにつながります。そのためにも、自分の短所だと思う部分を直す方法を考えたり、見方を変えて、短所を長所といい直す方法を身につけたりするとよいでしょう。

■自分の直したいところを長所にいいかえよう

☆自分の直したい点をあげ、直す方法を具体的に書いてください。
☆見方を変え、直したい点を長所にいいかえてください。

　　月　　日　　　　　　　　　　　　年　　組（　　　　　　　　　　　　　）

直したい点	直すための具体的方法
●（例）せっかち	→行動を起こす前にやることをメモする 　やることの順番を考える 　やりたいこととやらなければいけないことを区別する
●	→
●	→
●	→

直したい点	長所にいいかえてみよう
●（例）優柔不断で消極的	→○物事をじっくり考えることができる
●	→○
●	→○
●	→○

⑥ 1カ月後、3年後、10

「想像できることは実現できる」という格言があります。将来の夢を考え、その実現に向けて1カ月後、3年後、10年後の目標を立ててみましょう。目標を細かく具体的に定めることで、やる気が出てきます。やる気が出ると、少々つらいことでもがんばってやりとげることができるようになり、それが自分への自信につながります。

●ワークシートの使い方

①将来の夢を書きます。
②1カ月後になりたい自分を書きます。夢の実現に向けて、いまがんばっていることと、これからがんばりたいことを考えます。
③3年後になりたい自分を書きます。中学生、高校生になり、夢に近づいた自分の姿を想像します。夢の実現に向け、いまから調べられること、努力できそうなことを考えます。
④10年後になりたい自分を書きます。10年後には夢を実現した自分がいます。そうなるために、いまから取り組めること、つづけてがんばっていくべきことを考えます。

難易度★★☆

年後の目標を立てよう

ヒント　夢の実現に向けて目標を立てるときには、１カ月後の目標、３年後の目標、１０年後の目標というように、短期、中期、長期の３つの時期に区切って目標を立ててみます。そうすることで将来の自分の姿を具体的に考えることができるようになります。また、中学生や高校生の生活について調べてみるのも、目標の達成のために何をすればよいかイメージをしやすくするよい方法です。

■夢の実現に向けて目標を立てよう

☆１カ月後、３年後、１０年後になりたい自分を想像し、それに向けた目標を立てよう。

　　月　　日　　　　　　　　　　　　年　　組（　　　　　　　　　　　）

わたしの夢 (　　　　　　　　　になって　　　　　　　　　をする)	
なりたい自分	そのためにすること
１カ月後の自分	
３年後の自分	
１０年後の自分	

ワークシートの工夫

　話し合いをするときには、テーマの選択が大切です。興味や関心がなければ、そもそも有意義な話し合いにならないからです。また、テーマがよくても、自分の考えが整理されていないと自信をもって発言することができません。

　話し合いのテーマに興味をもたせたり、自分の考えを整理させたりする方法のひとつとしてワークシートの活用があります。

　授業中、ワークシートを活用する機会はたくさんありますが、ワークシートの工夫次第で、子どもの発言意欲や発言の仕方が変わってきます。

1　基本の話型を示す

　まずは、表のような基本の話型を示し、□の枠に記入するだけで発表できるようなワークシートを用意します。

　ワークシートの構成のパターンを同じにし、いろいろなテーマでくり返し発表することで、話す順序を覚え、子どもは人前で話すことに慣れていきます。

・わたしは、[　　　　　　　　　　　　　　　　　]だと思います。
・理由は、[　　]つあります。
・第一には、[　　　　]だからです。第二に[　　　　]だからです。第三に[　　　　]だからです。
・このような理由で、私は、[　　　　　　　　　　　　]だと思います。

　それにも慣れたら、ワークシートを使わずに、メモだけ書かせて、頭の中で話す順序を組み立てながら発言できるように練習させます。

　このように、書いたものを読む段階から、自分のことばで発言する段階へとステップアップすることで自信を高めていくことができます。

2　調べたことをまとめる

　調べたことやわかったことをまとめるワークシートは、まとめ方の視点がはっきりすることで興味をもって学習することにつながり、発言意欲も高めることができます。また、自分の考えを整理するための手助けにもなります。

　　・気づいたこと、わかったこと
　　・不思議に思ったこと
　　・感じたこと・考えたこと
　　・他の人の意見と自分の意見のちがい
　　・話し合って新しく考えたこと

などの項目を用意しておくといいでしょう。

　このように、ワークシートの工夫をすると、子どもは自信をもって発言することができます。また、気持ちにも余裕が生まれ、質問に対しても楽しみながら回答することができます。

第2章

友だちの話を聞こう

　友だちの話を聞くということは、受け身のように感じます。しかし、じつは、聞き手の態度や姿勢しだいで、話し手を勇気づけ、もっと話したいという気持ちにさせる、積極的な行為なのです。相手が話すのがあまり得意でなくても、上手に話を聞き出すこともできます。聞き手も自分の考えを深めたり、見方を広げることができます。
　この章では、積極的に話を聞くための8つの方法を紹介します。

① 話しやすい人と思

　相手から話しやすい人だと思われることは、とても大切なことです。　聞き上手の人の前では、いつもは口べたな人も何となく話しやすい雰囲気に背中を押され、自分でも考えられないくらいたくさん話せることがあります。相手が安心して話してくれるような聞き手になるためのこつを紹介します。

1 相手の目を見て聞く

相手の目をしっかりと見ながら聞くと、相手は自分の話を興味をもって聞いてくれると思ってうれしくなり、安心してもっと話そうと思います。

相手の目を見ながら話を聞けば、相手の考えや気持ちを理解することができます。

2 うなずきながら聞く

相手の目を見るだけでなく、話に合わせてうなずきながら聞くと、相手は自分の話を理解してくれていると思って安心し、自信をもって話を続けられます。

難易度★☆☆

われよう

2人ひと組になって、話しやすい人と話しにくい人を交互に演じてみましょう。話しにくい人の役は、そっぽを向き、何をいわれても反応しないようにします。そして話の途中で関係ない話題を話します。話しやすい人の役は、相手の目を見て、話に合わせてうなずき、最後まで口をはさまずに聞きます。最後にお互いにどんなことを感じたか、話し合います。

3 最後まで聞く

途中で相手が話を一時中断しても、静かに待ちます。自分の話をはじめてしまうと、相手は自分の考えを伝えきれなかったという思いがつのり、がっかりしてしまいます。

自分が話したくなったときは、話してよいかどうかたしかめます。

4 笑わないで聞く

みんなの前で発言したり、発表したりするときは、だれでも緊張します。いいまちがえたり、途中でつっかえたりします。

失敗を笑われるとショックですし、話の中身を否定されたような気がして、二度と人前で発言したくなくなってしまいます。笑わないで聞きます。

② 聞き上手になろう

「友だちと仲よく話したい」と思っても、何をどのように話せばよいのかわからず、うまく会話がつづかないことがあります。そんなときは、聞き上手になってみましょう。友だちの話にじっくり耳を傾け、あいづちを打ちながら考えに共感してあげると、友だちはもっと話していたい、自分は大切にされていると感じ、会話がはずみます。

1 あいづちを打ちながら聞く

「なるほど」「へぇ～」「そうなんだ」など、相手の話の内容に合わせて、あいづちを打ちながら話を聞くと、相手は安心して話すことができます。あいづちは相手の話の「、」や「。」のところで軽く打ちます。

2 相手の話を繰り返す（オウム返し）

相手がもっとも伝えたい部分をそのまま繰り返します。相手は「しっかり話を聞いてくれているな」と感じます。あいづちと組み合わせると効果的です。

難易度★☆☆

相手の話に興味・関心をもち、集中して聞く態度を養います。相手がどんな気持ちで話しているかを想像しながら聞くことが大切です。人はそれぞれちがう考え方をもっています。相手の話にすぐに共感できなくても、「そういう考え方もあるのか」と相手の身になって話を聞くことが大切です。

③ 相手の気持ちをくみ取る

相手の気持ちを考えて「○○って思ったんだね。」とそれを短いことばで代弁します。友だちは「しっかり、話を聞いてくれている。もっと話したいな」と思います。

④ 話のつづきをうながす

相手の話のつづきをうながすことで、興味をもって真剣に聞いているということが相手に伝わり、相手は安心して話を進めることができます。

③ 相手の伝えたいこ

　人の話を正確に聞いていますか？　正確に聞いたつもりだったのに、後になって聞きちがいをしていたことに気づくこともあります。相手のことをきちん理解し、仲よくしていくためには、相手の話を正確に聞くことがとても大切です。
　話を正確に聞くためのポイントを紹介します。

1 相手の方を向き集中して聞く

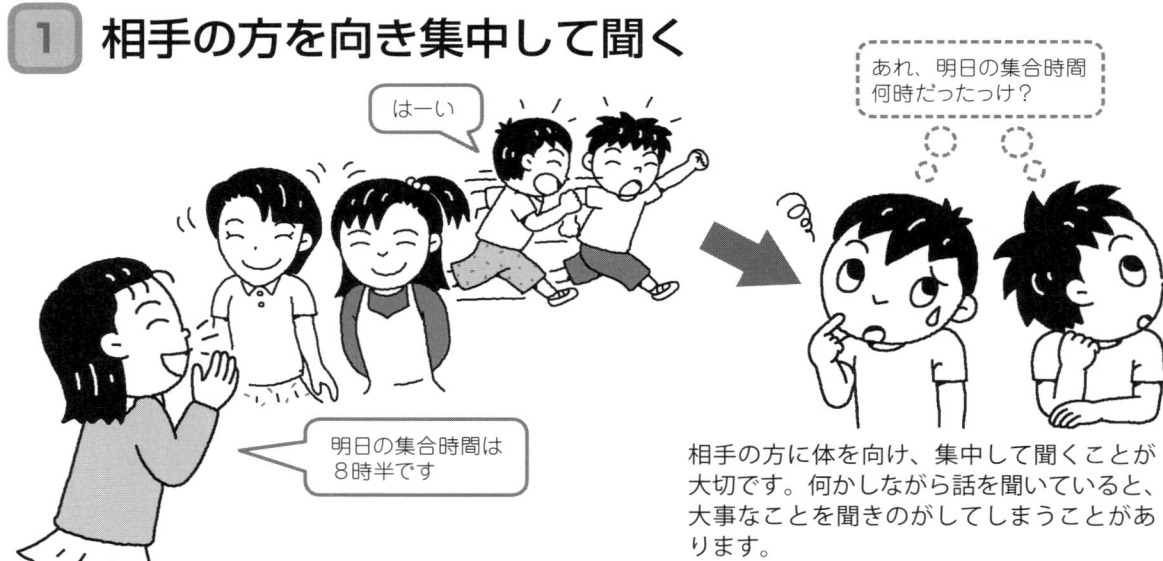

相手の方に体を向け、集中して聞くことが大切です。何かしながら話を聞いていると、大事なことを聞きのがしてしまうことがあります。

2 相手のいちばん伝えたいことを想像して聞く

相手の話を何となく聞くのではなく、相手がいちばん伝えたいことは何なのかを考えながら聞きます。

難易度★★☆

とを正確に聞こう

ヒント

「きく」には「聞く」だけでなく「聴く・訊く」という漢字もあります。受け身的に話を「聞く」だけでなく、相手の伝えたいことを考え、さらには目からも「聴く」ことで、大事なポイントをとらえ、話の内容を正確につかむことができます。さらに、メモを取る、相手の話でわからなかったことなどを「訊く」習慣をつければ、より正確に聞く力が高まります。

3 大事なことがたくさんあるときにはメモをする

つぎの授業までにみなさんが用意するものは、色えんぴつ、のり、はさみ、セロテープ……

聞きのがさないようにメモしとかなきゃ。色えんぴつ、のり、はさみ、セロテープ……

大事なことや、正確に覚えなくてはいけないことがたくさんあるときには、要点を短くメモしておくと、聞きのがしや聞きちがいを減らすことができます。

4 聞きのがしたこと、わからなかったことは質問する

何か質問がある人はいますか

すみません。集まる場所をもう一度教えてください

はい。集合場所は、山の上公園です

聞きのがしたことや、わからないことがあったら、相手に聞き直します。聞き直すことははずかしいことではありません。わからないままにしておくと、トラブルや失敗のもとになります。

④ 感想を話せるよう

相手の話を聞き、それに対して自分の感想を話すというのはとてもむずかしいことです。感想を話すというとは、「相手の話を理解した上で、自分の感じたことや考えたことを話すこと」だからです。しかし、感想を話すということは、それだけで「話をしっかり聞いています」という意思表示になります。話を聞くときには、かならず感想を話すことができるように聞くことが大切です。

1 考えが同じだと思うところを見つける

話し手の意見に同感できる部分、共感できる部分を話すと、相手は安心します。

2 自分が知らないことを見つける

はじめて知る内容があれば、それについて感想を話すと、相手は自分の話が役立ったと感じてうれしくなります。

に聞こう

難易度★★☆

ヒント 聞き手が感想を話すことで、相手は自分の話した内容をしっかり聞いてくれたと安心します。そして、さらに心をひらいて、話をつづけることができます。聞き手が感想を話すことが、話を深めていくための原動力になります。

3 もっと知りたいと思うことを見つける

　アキコさんが話してくれた絵本の話はおもしろそうだね。くわしく知りたいな

相手の得意そうなこと、くわしく知っていそうなことを見つけ、それについてもっと知りたいという姿勢を見せます。すると、相手は自分の話に興味をもってくれたことをうれしく思い、もっと話してくれます。

4 自分なりの考えをもつ

　ぼくはお話を聞いて、やっぱり使うエネルギーそのものを減らさないとだめだと思いました

相手がもっとも伝えたい、考えてもらいたいと思っていることを探し、それに対して自分なりの意見をもつようにします。相手は話す意味があったと感じます。

 相手が伝えたいこ

　何か伝えたい、話したいことがあるのに、きちんと聞いてもらえるかどうかが不安で、それについてなかなか切り出せないことがあります。そのような友だちに気づいたら、安心して話しはじめられるようにきっかけとなる質問をします。友だちは、あなたが間違いなく話を聞いてくれると知って、よろこんで話してくれるでしょう。

1　友だちの変化に注目する

髪型や、服装、持ち物に変化があったときには、それについて指摘してみます。また、楽しそうにしている、悲しそうにしているなど、いつもとようすがちがうときにはそれについてたずねてみます。

2　友だちの行動を観察する

友だちの行動をよく観察し、好きそうなもの、得意そうなものを見つけ、会話のきっかけをつくります。好きな理由や好きなものに関係のある話題を取り上げて、相手が話しやすい環境をつくります。

とを引き出す質問をしよう

難易度★★☆

ヒント　相手の伝えたいことを引き出す力を高めるトレーニングです。相手の話を引き出すことは、相手が内面にもっているよさ（能力・才能）を引き出すことにもつながります。ただし、友だちがいやがりそうなところまで追求したり、さぐったりしないように気をつけます。

3 以前に聞いたことに関係することを質問する

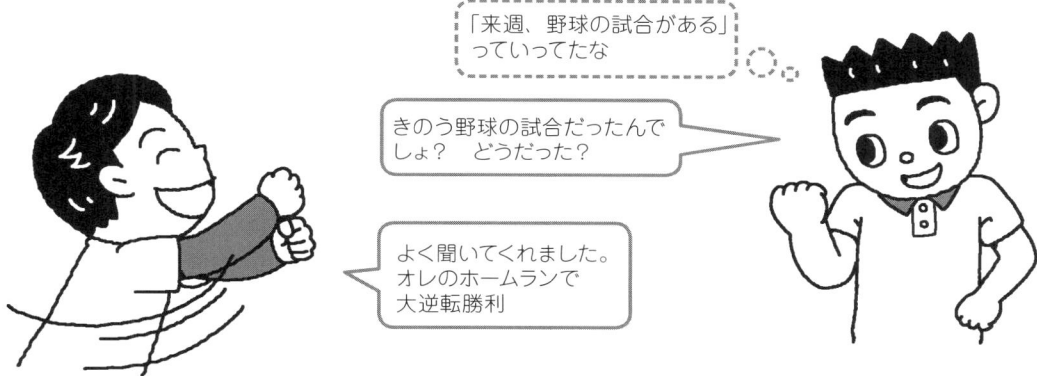

「来週、野球の試合がある」っていってたな

きのう野球の試合だったんでしょ？　どうだった？

よく聞いてくれました。オレのホームランで大逆転勝利

以前に聞いた話を思い出して、話しかけます。「兄弟がいる」という話を聞いたことがあれば、「何人いるの？」「何年生なの？」と聞いてみます。

4 大切な点だと思うところを質問する

有明コロシアムの屋根は開閉式になっています

普段は閉まっていますが、テニスの試合のときに、屋根をあけて使うそうです

屋根はどんなふうにひらくのですか

何か質問はありますか？

質問を求められたときには、大切だなと思うことをくわしく質問すると、相手は質問に答える形でリズムよく話を進めることができるようになります。

6 相手のほんとうに伝え

人は伝えたいことや自分の気持ちをいつも正確にことばで表現できるとは限りません。話を聞くときには、ことばを正確に聞き取るだけでなく、相手のほんとうに伝えたいことや気持ちを読み取ろうとする姿勢が大切です。「相手は何をどうしたいのか」ということをしっかりと理解し、自分なりにまとめます。すると「そうか、この人はこう感じたんだな」「この人はこうしてほしいんだな」という相手の「気持ちや意思」をよく理解することができます。

1 場面をイメージしながら聞く

頭の中で場面をイメージしながら話を聞きます。そうすると、相手の気持ちをより正確に理解することができます。

2 キーワードを思い浮かべながら聞く

相手の話を理解するために、どのようなできごとがあって、どんなことを感じたり、考えたりしたのかをとらえることができるキーワードをさがしてみます。

難易度★★★

たいことや気持ちを読み取ろう

ヒント 「場面をイメージしながら聞く」「キーワードを抜き出しながら聞く」ことを意識しながら相手の話を聞きます。たとえ舌足らずな説明や表現でも、相手のいいたいことや気持ちを理解してあげられれば、相手から大きく信頼してもらえることになります。

3 「い・ど・だ・な・ど」に注意して聞く

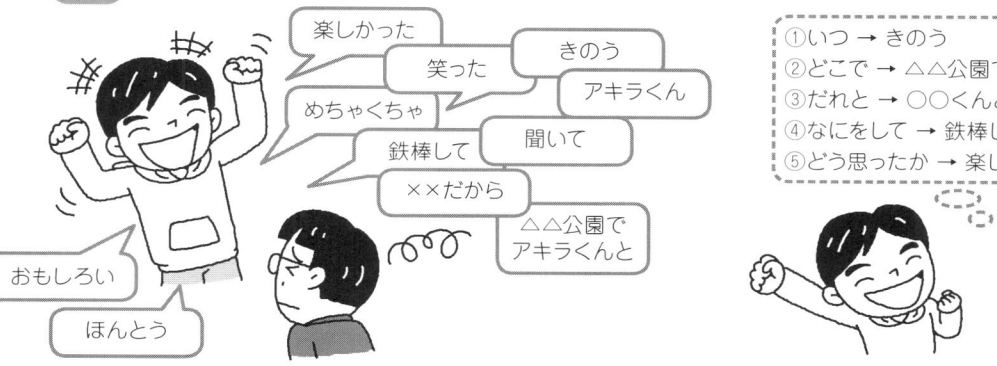

相手の話が整理されていないときは、話をそのまま全部聞こうとすると、頭のなかがごちゃごちゃになることがあります。

「い・ど・だ・な・ど」（いつ・どこで・だれが・なにをして・どう思ったか）に注意して聞き、①～⑤の順番に並べかえると、よく理解することができます。

4 話の内容を図に表す

「い・ど・だ・な・ど」を上の図のように矢印を使って表すと、そのときの状況や気持ちをよりよく想像することができます。

7 気づいたり考えが変

友だちの話や意見を聞いて「へぇ～！」「すごいなぁ」と思うことがあります。そうした驚きはそれまでの自分にはなかった新しい考えを見つけたということです。そのようなときは、友だちの意見のどの部分の、どのようなところをすごいと思ったのかを考え、相手にすなおに伝えてみます。

1 「すごい」「なるほど」を大切にする

友だちの意見にすごい、なるほどと感心したときには、その気持ちを素直に認めます。

2 意見のどの部分にどのように感心したのか考える

友だちの意見のどの部分にどのように感心したのかを考えることで、新しい考えが出た理由がはっきりします。理由がはっきりすると、より納得できます。

難易度★★★

わったりしたら相手に伝えよう

ヒント
自分の考えや意見を変えることを「負けた」「はずかしいこと」などと考え、なかなか相手を受け入れられない子がいます。自分の考えが変わることを肯定的に捉えることで、視野が広がって思考が深まり、成長していきます。自分の意見を変えることはいいことだということを、意図的に体験させます。

3 自分の考えの変化に目を向ける

> ぼくも最初はおばけ屋敷がいいと思っていたけど、たしかに、お互いの意見を尊重する必要があるな。
> ぼくもケンジくんの意見に賛成だな

友だちの意見のどの部分にどのように感心したのかを考えることで、自分の意見のどの部分が変化したのかが気づきやすくなります。

4 よい意見には感謝する

> ケンジくんの意見のおかげで、みんなが納得して出し物を決められたよ。ありがとう

> そういってくれると、ぼくもうれしいよ！

> 勇気出していってみてよかったな～！また何かあったら話してみよう

いい意見を出してくれた友だちには、感謝のことばをかけます。相手は自分の意見が取り入れられたことに喜びますし、自信もつきます。そして、何かのときにまた意見をいってみようという気になります。

⑧ 意見を否定されたとき

話し合いをしていると、自分の意見や考えを相手から否定されることがあります。意見を否定されるとはずかしく感じ、意見をいったことを後悔し、自分がだめな存在に思えます。反対に、ついかっと頭に血がのぼって、けんかになってしまうこともあります。いつまでもそうした気持ちを引きずらずに立ち直る方法を身につけることが大切です。

1 まったく別のことを考えて気分転換する

> 児童委員会新聞を発行したらどうかと思います

> だれが書くんだよ。オレは反対

> 否定されちゃったよ、わたしってだめなのかな

> あーあ。きょう帰りにチョコ買って帰ろう。何買おうかな

自分の意見や考えに反対されたことをくよくよ考えて落ち込んでいても、先には進みません。すこしその問題と距離をおいて、別なことを考えてみると気分が楽になります。

2 相手の立場にたって自分の意見を考えなおす

> ヒサシくんは野球もやってるんだったな。たしかに忙しくて新聞なんて書いているひまはないかも

> 朝の会のときに口頭でみんなにお知らせするって方法もあるな

自分の意見にこだわらずに、別の方法はないか考えてみたり、相手の立場だったらどのように感じるだろうかなどと自分の意見を客観的に見直してみます。

難易度★★★

の立ち直り方を身につけよう

ヒント
自分の意見や考えを否定されるのはだれもが体験することです。めげずに立ち直る力を身につけます。深く落ち込んだときにはすぐには立ち直れないかもしれません。時間をかけることも必要です。また、ひとりだけでは立ち直ることがむずかしい場合には、周囲の大人や友だちの助けを借りることも効果的です。

3 否定された理由を質問して解決法を考える

- わたしの意見のどこに反対なの？
- みんな読むとは思えないところ
- 何を書いていいかわからないところ
- 忙しくて書いているひまがないところ

●否定理由と解決法

時間がない	→	みんなで担当を決めて負担を軽くする
何を書くのかわからない	→	何を書くか相談してテーマを決める
だれも読まない	→	読みたい記事のアンケートを取る

自分の意見のどの部分に反対なのか相手に質問します。つぎに解決法を考えて紙に書いてみます。自分の考えのよい部分がはっきりし、自分の意見が全面的に悪いわけではないことがわかり、立ち直りのきっかけになります。

4 落ち込んだ気持ちを友だちに話す

- 児童委員会新聞を発行したら？っていったら「大反対」って否定されて落ち込んじゃったよ
- そうか、みんなも同じようなことあるんだね
- わたしもこのあいだ意見をいったら拒否された。腹立ったから、おやついっぱい食べて気晴らししたよ

自分の意見を否定されて落ち込んだ体験を、思い切って友だちに話してみましょう。みんなも同じような体験をしていることに気づき、気持ちが軽くなります。

コラム 対話力の土台となる読書体験

読書と対話
　読書はひとりきりで自分と向き合って思いをめぐらし、考えを深める大切な時間です。同時に、目の前にいない作者との対話の時間でもあります。
　読書には、自分と異なる世界を知り、新たな発見をするよろこびがあります。登場人物といっしょに喜び、悲しみ、涙を流す。このような体験をとおして、人やものごと、自然に対して敬意をはらいつつ、深く考える力が育っていきます。
　また、読書を通じて選びぬかれたことばや美しいことばに出合い、語彙力が豊かになっていきます。ことばが豊かになれば、人と話す力が高まります。読書は作者のことばをじっくり聞くという体験でもあります。ですから、読書に慣れれば、目の前の相手の話をしっかり聞く習慣も身につきます。
　このように、読書はことばに集中し理解しながら読むという、緊張感をともなった積極的な活動であり、対話力の土台となり、人間としての幅を広げ、自信を与えてくれる活動でもあるのです。

読書を活用した対話型の活動
●おすすめ本の紹介（低学年）
　①各自、自分の好きな本を選びます。
　②２人ひと組になります。
　③交代で自分の選んだ本のどこがよいかを相手に説明します。
　④聞き手は相手に質問します。
　⑤上手に伝えるポイントを教師がアドバイスし、実際に絵本を紹介します。
　⑥相手を変えて、①～④をくり返す。
●音読発表会（中学年）
　①４～５名のグループをつくります。
　②音読する絵本を１冊、グループで話し合いながら選びます。
　③場面のようすや登場人物の気持ちをグループで話し合いながら考え、それにそって音読を工夫します。
　④音読の練習をします。全員が音読できるように担当部分を決めます。音読を互いに聞き合い、助言し合います。
　⑤音読発表会を開きます。グループごとにコメントを出し合います。
●オリジナル紙人形劇発表会（高学年）
　①４～５名のグループをつくります。
　②各自、自分が演じたい登場人物をイメージします。
　③年齢・性格・特技・容貌などを自由に考えます。
　④各自考えた登場人物を出し合い、それらをいかして各グループでオリジナルの紙人形劇（ペープサート）をつくります。
　⑤発表するときの制限時間をもうけます。
　⑥紙人形劇の練習をします。
　⑥紙人形劇の発表会をします。

第3章

自分の**考え**を話そう

　自分の考えを話すときに自信がなかったり、相手がどう思うかを考えたり、まちがっているのではないかと不安に思ったりしがちです。
　はじめからすらすらと自分の考えを発表する必要はありません。立ち止まって、じっくりと考えることも必要です。
　この章では、自分の考えを少しでも自信をもって表すためのコツを学びます。

① まずは声を出して

人前で話すのはだれにとっても勇気のいることです。
　話すことの第一歩は声を出すことです。そこで、まずは声を出してみましょう。ただ声を出すだけでなく、感情を込めたり、声の大きさや声色を変えたり、いろいろと工夫しながら声を出すことを楽しみます。そうするうちに、話すことへの勇気がだんだんわいてきます。

1 いろいろな声を出してみる

あいうえお

●大きな口で 
●赤ちゃんみたいに 
●ほっぺに手をあて 
●ひそひそ声で

はじめは指導者の指示にしたがって、いろいろな声を出してみます。少し慣れたら、どんな声を出すか自分で考えて出してみます。

2 友だちと向かい合って声を出す

いくよ。
あめんぼ　あかいな
あいうえお

よく聞こえたよ。
かきのき　くりのき
かきくけこ。どう？

相手がいると話す意識が変わります。「聞いてもらう」という視点が入るからです。「はじめます」など、呼びかけることばを決めておくと、お互いに話しやすくなります。

「教室の前と後ろにわかれて」「校庭の端と端に立って」と、お互いの距離を遠くしていくと、相手に聞こえるように大きな声を出そうという気持ちになります。

難易度 ★☆☆

みよう

ヒント 声を出すレッスンを継続していくと、最初は小さな声しか出なかった子も、だんだんと大きな声を出せるようになり、話すことに対する抵抗感がなくなっていきます。音読や朗読、群読、暗唱など発達段階に応じてさまざまな声出しレッスンに取り組むと効果が高まります。

３ 詩の暗唱に挑戦する

> アメニモマケズ
> カゼニモマケズ……

雨ニモマケズ
風ニモマケズ
雪ニモ夏ノ暑サニモマケヌ
丈夫ナカラダヲモチ
慾ハナク
決シテ瞋ラズ
イツモシヅカニワラッテヰル
……
サウイフモノニ
ワタシハナリタイ
（宮澤賢治「雨ニモマケズ」より一部）

はじめは教科書の音読をくり返します。何度も読むうちに自然と文章を覚えます。

好きな詩を選んで、教科書を見ずに読みます。だれかに語りかけるように、詩が伝える思いを表現します。大切なことばはゆっくり読んだり、視線を動かしながら読んだり、自分なりに工夫しながらくり返し暗唱します。

４ 暗唱を聞いてもらって友だちにアドバイスをもらう

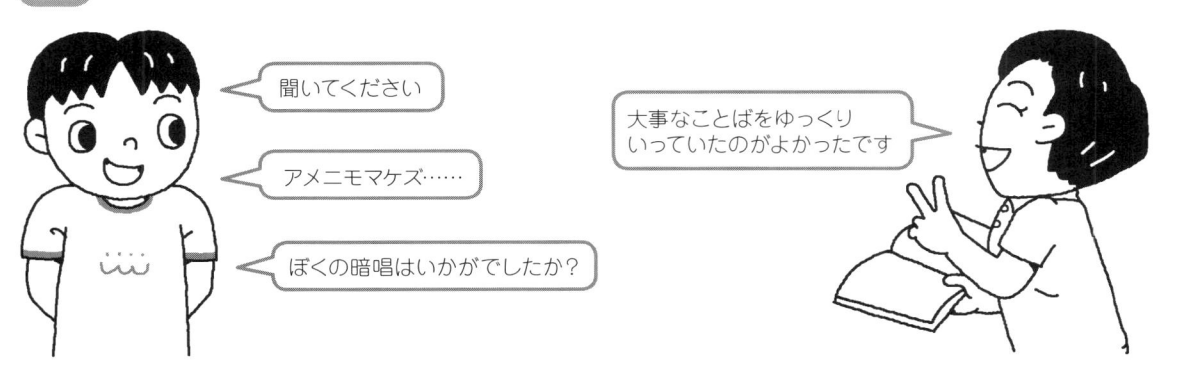

> 聞いてください
> アメニモマケズ……
> ぼくの暗唱はいかがでしたか？

> 大事なことばをゆっくりいっていたのがよかったです

暗唱に慣れてきたら、友だちに聞いてもらいます。聞いてもらえることがよろこびになり、自信となります。「聞いてください」と呼びかけ、最後に「わたしの暗唱はいかがでしたか？」とたずねて、友だちに評価してもらいます。

2 聞き手がわかりやすく

せっかく勇気をふりしぼって話しても、いいたいことが相手にうまく伝わらないことがあります。その結果、「わかりやすく話すように」といわれてしまいます。

いいたいことが相手にわかりやすく伝わらないのにはいくつかの理由があります。自分が言いたいことを、相手にわかりやすく伝えるコツをいくつか紹介します。

1 語尾まではっきりいう

> ぼくは、みんなの考えに…

> 賛成なのかな、反対なのかな？

> ぼくはみんなの考えに反対です

> そうかアキラくんは反対なんだな

途中で声が小さくなってしまったり、話すのをやめてしまったりすると、相手に誤解されたり、いいたいことが伝わらなくなったりします。

自分の伝えたいことが聞き手に伝わるよう、語尾までしっかり話すことが大切です。

2 結論－理由－結論の順でいう

> わたしは、○○だと思います（結論）

> なぜなら、△△だからです（理由）

> だから、わたしは○○だと思います（結論）

> なるほど

はじめにいちばん伝えたいこと（結論）をいうと、何を伝えようとしているのか、聞き手にわかりやすくなります。その後にそう考えた理由や、くわしい説明などをつけ加え、最後にもう一度結論をくり返すと説得力が増します。

難易度 ★☆☆

聞き取りやすい工夫をしよう

ヒント
2人ひと組、あるいはグループをつくり、話題を決めて話し合います。できるだけ「聞き手にわかりやすく」ということを意識します。最後に、互いの話し方のよかったところ、わかりづらかったところを話し合います。
また、報告する、説明するなどの活動をたくさん体験し、聞き手がわかりやすい話し方を工夫するとよいでしょう。

③ 強弱をつける

「きのうも、○○ちゃんと公園で遊んだんだ」

「きのうもいっしょに遊んだんだな」

自分がいちばん伝えたい、大事なところは強くゆっくりいうようにすると、伝えたいことが明確になって、聞き手にもわかりやすくなります。

やってみよう！

<u>きのうも</u>、○○ちゃんと公園で遊んだんだ。

きのうも、<u>○○ちゃんと</u>公園で遊んだんだ。

きのうも、○○ちゃんと<u>公園で遊んだんだ</u>。

自分が伝えたい、大切なところにアンダーラインを引き、その部分を強くゆっくりいって、友だちに聞いてもらい、聞き手への伝わり方を比べてみましょう。

④ 間を入れる

「きのうの夜、寝る前にトイレにいったらね……」

「ど、どうしたんだろう」

途中で間を入れると、「つづきを聞きたい」と思ってもらうことができます。同時に、話し手は聞き手の反応を確かめたり、話していることを頭のなかで整理したりすることができます。

「たとえば、□□のときは××でしょう？」

「うん」

「～でしょう？」「～だと思いませんか？」などと問いかけ、少し間をおいて反応を確かめるようにすると、聞き手は関心をもって聞いてくれるでしょう。

43

③ 話題を選んで印象

はじめて話すときは、だれでも「相手にどう思われるかな？」とどきどきしたり、緊張したりします。

でも、相手はあなたのことを「知りたい」と思って聞いているはずです。そこで、話題を選んで、相手の印象に残る自己紹介をしてみましょう。コツさえつかめば、だれでも相手に伝わる自己紹介をすることができます。

1 名前の由来

> ぼくは、お母さんが好きな版画家の名前についている「志」と、2月生まれだから如月（きさらぎ）の「如」を組み合わせて、「如志（たいし）」と名づけられました

> 絵が得意な如志くんにぴったりな名前だな

自己紹介でいちばん重要なのは、自分の名前を相手に覚えてもらうことです。自分の名前の由来を紹介すると、聞き手の印象に残りやすく、自分らしさを表現することもできます。

2 自分の得意なことや好きなこと

> ぼくは昆虫が大好きです。とくにクワガタのことは、何でも知っているので聞いてください

> ぼくも虫が大好き。もっと話してみたいな

スゴ〜イ

得意なことや好きなことは、自信をもって話すことができます。聞き手は共感したり、自分とはちがうその人らしさを知ったりすることができます。

自分の得意なことは、実演してみるとよいでしょう。聞き手は、一気にひきつけられます。実演することで、自分らしさを表現することができます。

難易度 ★☆☆

に残る自己紹介をしよう

ヒント 自己紹介は、それをきっかけとして、自分のことを早く覚えてもらい、「もっと〇〇さんのことを知りたい」と思ってもらうことが目的です。そこで、3、4人程度でグループをつくり、各自の自己紹介が終わったら、そこでわかったことをもとに、質問します。

3 「あいうえお作文」を使った自己紹介

- やさしくて
- まじめ
- だけど、ものまねをして、みんなを笑わせることも大好き
- たいいくも得意で、ときどき
- ろうかを走って先生におこられます
- うちのお母さん、「〇〇太郎」のファンだから「太郎」と名づけられた「山田太郎」です。

お題のそれぞれの字からはじめる作文を「あいうえお作文」といいます。自分の名前であいうえお作文をすると、相手の印象に残りやすくなります。あいうえお作文で自己紹介するときは、一文字ずつ紙芝居のようにして発表したり、ポスターのようにして一文字ずつ見せながら発表したりすると、楽しい自己紹介ができます。

4 道具を使いながら

実物や写真を見せながら自己紹介すると、視覚的な情報が入るので、聞き手の印象に残りやすくなります。そこから話題が広がって、自己紹介が盛り上がることもあります。

④ 聞いてほしいとい

　最初から、上手に話そうとしすぎないことが大切です。うまく表現できなくても、聞いてほしいという思いをもっていれば、相手はきちんと受け止めてくれるでしょう。

　しかし、どんなに聞いてほしいと思っていても、それが態度や話し方に表れていなければ、相手はあなたの思いに気づかないかも知れません。聞いてほしいという思いの表し方を練習してみましょう。

1 相手を見る

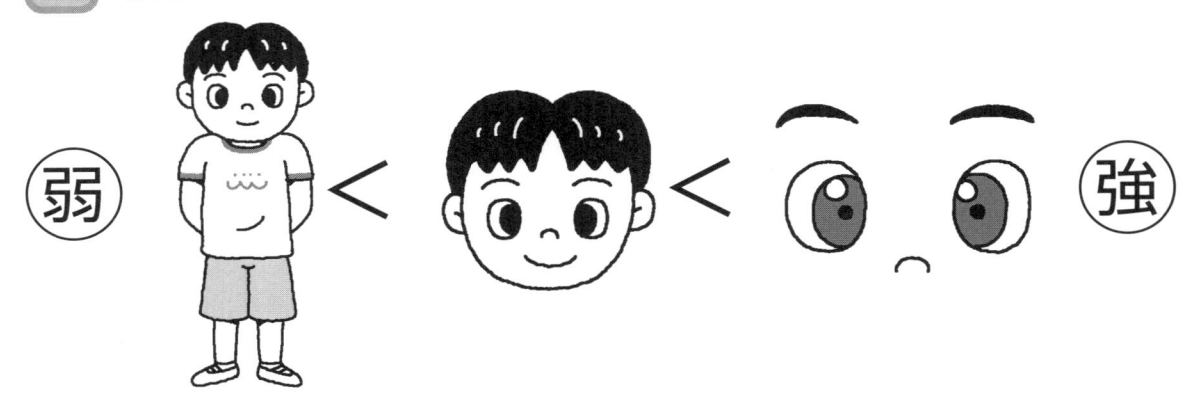

弱 ＜ ＜ 強

相手の目を見て話すと、思いがもっとも強く相手に伝わります。目を見るのがはずかしいときには、少し視線をずらして相手の顔全体を見るようにします。それもはずかしいときには、相手の方に体を向けて、全体を見つめるようにします。

2 「聞いて」といって話をはじめる

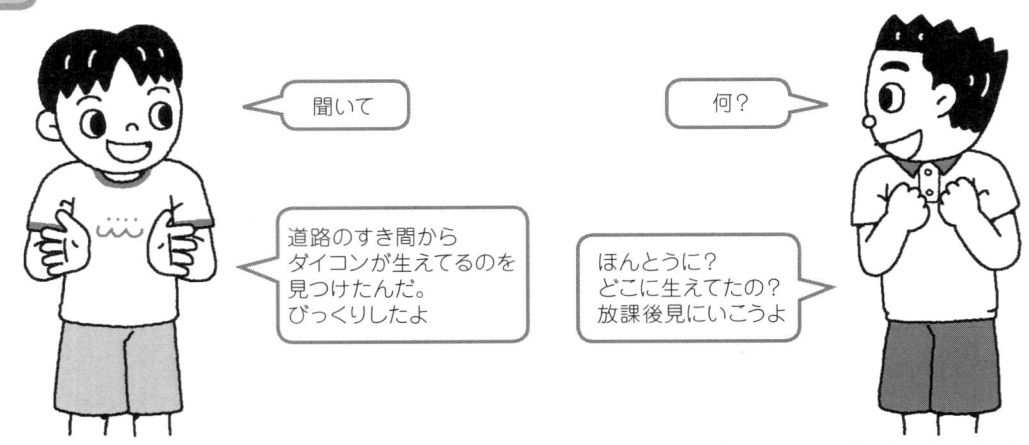

聞いて

道路のすき間から
ダイコンが生えてるのを
見つけたんだ。
びっくりしたよ

何？

ほんとうに？
どこに生えてたの？
放課後見にいこうよ

「聞いて」とか「知ってる？」など相手に語りかけることばを入れながら話すと、相手はしっかりと話を聞いてくれます。

難易度★★☆

う気持ちを態度で示そう

ヒント もじもじと下を向き、なかなか話し出せなかったり、反対に、自分の話したいことを一方的に話してしまったりすると、相手は聞こうとする意欲を失ってしまいます。相手の反応をたしかめながら、興味を持って聞いてもらえるように話し方を工夫することが大切です。

3 話の終わりに質問がないかどうかたしかめる

「○○○○という結果になりました」
「何か質問はありませんか」

話の終わりに「質問はない？」と聞いてみると、相手を尊重する気持ちが伝わります。一方的に話すのではなく、話し手と聞き手がキャッチボールをするように会話できるとよいでしょう。

4 自分の話し方を点検してみる

■話し方のチェックポイント

- みんなに聞こえているか、声が大きすぎないか
- 早口になっていないか
- わかりにくいことばを使っていないか
- いい残したことはないか

相手の立場に立って自分の話し方を点検し、わかりづらいところがあるようならば、もう一度いい直します。

⑤ 自分の考えをまと

　急に意見を求められて、すぐ自分の考えを話すというのはとてもむずかしいことです。考えがあっても、うまくまとめられなかったり、ことばにできなかったりします。

　話し合いの内容が決まっている場合には、前もって自分の考えをまとめておくと自信をもって話しやすくなります。さらに、聞き手にもわかりやすくなり、説得力が増します。

1 準備をして自分の考えをふくらませる

話し合いの前に、議題について調べたり、友だちや家族と話したりしておくと、見方や考え方が豊かになり、自信をもって自分の考えを話すことができます。

2 考えを整理する

環境破壊
↑
森林伐採・ゴミ・大気汚染
↓
リサイクルしてゴミを減らして資源を守る
↓
ごみが減れば、二酸化炭素も減る

自分の考えを、「→」を使って整理するようにします。1つの考えから「→」をのばして、そう考えた理由や根拠、具体例など、考えを支えることがらを書いていくと、短時間で簡潔に考えをまとめたり、ふくらませたりすることができます。

難易度★★☆

めておこう

ヒント
自分の考えをまとめておくだけでなく、なぜそう思ったか、どんな事例があったかなど、自分の考えを補強する材料を用意しておくとさらによい発言ができます。
自分の考えをまとめておけば、ほかの人の考えを聞いて、自分の考えと比較し、自分の考えに取り入れて新しい考えを生み出すこともできます。

3 話す順番を決める

タイトル		
	要　点	理由・根拠、具体例など
1		
2		
3		
4		

話す内容や順序を決めます。メモをつくって、内容の要点を箇条書きにして、順序通りに並べます。

4 話す練習をする

●練習のポイント
・伝えたい内容を意識し、メモの順序通りに話す
・聞き手にわかりやすい話し方を心がける
・話す時間をはかる

メモをもとに何度も話す練習しておくと、本番でうまく話すことができます。練習の目的は、話す内容を丸暗記することではありません。伝えたい内容を意識して、順番通りに話せるようになることです。

6 効果的な資料を用

　自分の考えを話すとき、資料があるとわかりやすく話すことができます。聞き手も、資料を読みながら話を聞くことができるので、理解が深まります。

　しかし、資料は効果的に使わないと、伝えようとすることがかえってはっきりしなくなることがあります。効果的な資料の集め方、選び方、使い方を工夫しましょう。

1 実物を使う

実物を見せながら説明すると、相手はのぞきこんだり、さわってみたりしたくなります。相手が興味を示してくれると、話すことがどんどん楽しくなります。

2 写真を使う

姿やようすを説明するときには写真を使って説明すると効果的です。ことばだけでは伝えきれない細かなこともひと目でわかるからです。

意しよう

難易度★★☆

ヒント 本やインターネットによる資料だけでなく、写真・絵・実物などいろいろな資料があります。多くの資料から使えるものを選択したり、わかりやすく加工したりするなど、資料の有効活用のための方法を身につけます。

3 グラフを使う

「このグラフから円高が進んでいることがわかります」

ものごとの比較や変化を示したいときには、グラフや図を使います。ちがいや変化のようすを感覚的に伝えることができます。

4 キャッチコピーを使う

○ 知らんぷりよりちょっと勇気 ○

「わたしはいじめのないクラスにしたいです」

「いじめられている人を見たら「知らんぷりよりちょっと勇気」を出して、友だちを助けられるようになりたいです」

キャッチコピーは、いいたいことを印象的なことばで、短くわかりやすくまとめたことばです。キャッチコピーを掲げると、いいたいことの要点をすぐに伝えることができ、聞き手も、話の内容に興味をもってくれます。

7 勇気を出して自分

　勇気を出して自分の意見をいうのはとてもむずかしいことです。でも、自分の意見をいわなければ、相手と心を通い合わせることはできません。

　勇気を出すにはコツがあります。意見をいう前にしておくべき準備や、意見がいいやすくなる話し方をマスターすれば、不安が消え、上手に意見をいえるようになるでしょう。

1 目標を立てる

絶対1回は発言するぞ！

「きょうは最低1回は発言しよう」と目標を立てておきます。目標を立てると、それを達成しようという勇気がわいてきます。

2 話す順番を決めておく

きょうは、これとこれを話そう。話す順番は……

あらかじめ自分がいいたいことを順序立ててメモしておきます。メモをたよりに話せるので安心し、意見をいう勇気がわいてきます。

難易度★★☆

の意見をいおう

ヒント いきなりみんなの前で意見をいう勇気が出ないときには、まず、まわりの友だちと意見を出し合ってみましょう。友だちの後押しがあれば、意見をいう勇気がわいてきます。意見をいえたら、友だちといっしょによろこび合えるし、自信もつきます。

3 型にしたがって意見をいう

- わたしは〇〇〇〇という考えです
- 理由は△△△△だからです（理由）

または
- わたしは□□□□に対して、賛成の立場です（いいたいこと、結論）

1 「自分のいいたいこと」「結論」、
2 「なぜそう思ったのか」「理由」の順に意見を伝えます。
型にしたがって意見をいえば、話すときに迷いがなくなり、失敗する心配も減って勇気がわいてきます。

4 「共感ワード」をいってから意見をいう

- たしかに、その考えはいいね（共感ワード）
- わたしは少しちがって、〇〇〇〇だと思うんだ（自分の意見）

- ぼくの意見を受け止めてもらえたな
- なるほど、そういう考え方もあるな

●相手の意見を受け止める「共感ワード」
「たしかに〇〇はいいね」
「なるほど」
「いいね」

相手の意見に対して、反対の意見や異なる意見をいうのは勇気がいります。「共感ワード」をいってから自分の意見を述べます。相手は、意見を受け止めてもらえたと思い、ちがう意見にも耳を傾けようという気持ちになります。

⑧ 表情や身ぶり、手

相手に自分の思いを伝える手段は、ことばだけではありません。悲しかったとき、怒りが込み上げてきたときのことを思い出してみましょう。きっと、顔の表情はことば以上に悲しさや怒りを伝えていたはずです。

相手に自分の思いを伝えるときには、ことばだけではなく、表情や身ぶり、手ぶりなどをうまく使うことが大切です。

1 笑顔で話しかける

●笑顔で　　　　　　　　　●仏頂面で

笑顔で話しかけると、親しくなろうとする気持ちが相手に伝わり、相手も心をひらいて話を聞いてくれます。

2 声の調子と大きさに気をつけて話す

おはよう！

ぼくの意見は
○○○○することです

どうしたの？
だいじょうぶ？

同じ内容を話しても、声の調子や大きさ、話すスピードによって相手に与える印象が違ってきます。意見をいうときには、張りのある声ではっきりといいます。一方で、相手を気づかって声をかけるときは、やさしい声で話しかけるとよいでしょう。

難易度★★★

ぶりなどを加えよう

ヒント 表情や身ぶり、手ぶりなどのことばを使わない表現方法は、ときに、ことば以上に伝える力をもちます。笑った顔、怒った顔、悲しい顔、泣いた顔など、鏡を見ながらいろいろな表情を練習します。また、ことばを使わずに、身ぶり、手ぶりだけで気持ちを伝える練習をするのもよいでしょう。

3 大事なところは身ぶり、手ぶりを交えて話す

大事なところでは、身ぶり、手ぶりを交えて話すと、話し手に注目が集まり、相手が真剣に聞いてくれるので、話しやすくなります。

4 身ぶり、手ぶりで伝える練習

①4、5人のグループになります。
②ゴリラ・ウサギ・モルモットなどの動物名を書いたカードを用意します。
③ひとり1枚ずつ引きます。
④自分の引いたカードの動物を表情や身ぶり、手ぶりで表現します。
⑤ほかの人にどんな動物か当ててもらいます。

⑨ いいにくいことを

　人の考えは、十人十色です。同じ意見だと思っても、よく話を聞いてみると、少しずつちがっていたりするものです。ですから、話し合いで意見が対立するのは当然です。その結果、いいにくいことをいわなければならない場面も出てきます。
　いいにくいこともいい合える関係を築いておくこと、そしてそのいい方を工夫することが大切です。

1 日ごろからいい関係を築いておく

相手の意見に反対したり、行動を批判したりしたことが原因で、仲たがいしてしまうことがあります。日ごろから仲よくし、いい関係を築いておくことがいちばん大切です。

2 相手の意見を確認してから自分の意見を述べる

「ヒロコさんの意見は、□□ということだね」

「でも、わたしは、××の方がいいと思うんだ」

「わたしの考えは分かってくれているみたい…」

相手の意見を確認してから自分の意見を述べると、一方的に否定したという感じがなくなり、相手は冷静に聞いてくれます。

難易度★★☆

いうときは工夫してみよう

ヒント いいにくいこともいい合うのは、互いの意見や人間性を否定するのが目的ではなく、互いを理解し合ってよりよい結論を求めるためであるということを意識します。そのために、自分なりの考えを論理的に述べる力を意識的に高めることが大切です。

3 反対の気持ちではなく理由を述べる

■反対の気持ちだけを述べるいい方

> お楽しみ会は、やっぱりラケットベースがいいと思います

> タロウくんって理由もいわずに反対っていうからやだな

> ぼくは、ラケットベースに反対です。バスケットボールの方がいいと思います

気に入らないという気持ちだけで相手の意見に反対しています。相手は自分を否定されたと感じ、感情的に反発します。

■反対する理由を述べるいい方

> お楽しみ会は、やっぱりラケットベースがいいと思います

> なるほど、ショウコさんのいうとおりだな

> わたしも、ラケットベースは楽しいと思います。でも、お楽しみ会は時間も短く、参加人数も多いので、ドッジボールの方が、みんなが一度に楽しめていいと思います

反対する理由をはっきり述べています。相手は自分を否定されたとは感じず、感情的にならずに話し合いをすることができます。

⑩ 悩みを打ち明けよ

だれでも悩みを抱えることがあります。だれかに悩みを聞いてもらい、相談にのってもらうことができたら、気持ちが楽になったり、ときには悩みそのものが解消したりもします。

しかし、自分の悩みを打ち明けるのはとても勇気のいることです。悩みを打ち明ける相手、手段、場所、方法などを工夫することで、悩みを相談する勇気が出てきます。

1 悩みによって相談相手を変える

親友のヒロコさんに相談しようかな？

先生に相談したらいいかな？

それとも家族に相談しようかな？

友だちとけんかしてしまった、太めの体型が気になる、サッカークラブでレギュラーになれない、なかまはずれにされるなど、悩みの原因や内容、深刻さはさまざまです。悩みの内容から、だれに相談したらよいか考えます。

2 静かな場所で相談しよう

きょう、男子に「デブ」っていわれたんだ…

そう、だれにいわれたの？

静かな場所、自然の景色が見える場所などで相談すると、落ち着いてゆっくり話すことができ、緊張がとけ、悩みを打ち明けやすくなります。

難易度★☆☆

う

ヒント 自分の悩みをだれかに打ち明けるというのはとても勇気のいることです。自分の弱みを相手に見せることになるからです。相手が信頼できる人なら、思い切って悩みを打ち明けてみましょう。

3 まずは悩んでいることを声に出して伝える

「あのね。わたし、いま悩んでることがあるんだ」

「何？」

悩みがあるからこそ、なかなか思っていることを相手に伝えることはできません。まずは声に出して、悩みがあることを相手に伝えます。

4 メールや手紙も利用する

手紙やメールで相談すると、悩みの内容とそれに対する自分の希望や気持ちなどを客観的に整理することができます。その後、直接会って相談すると、自分の悩みをさらにうまく伝えることができます。

コラム 何のための会話なのか

対話のモデルを意識する

　さまざまな教科で対話を取り入れた学習がおこなわれるようになってきましたが、話し合いの内容がいつの間にか横道にそれてしまうことがよく起こります。

　その原因は、話し合いの目的を明確にもたせないことにあります。指導者自身が、何のために・何を・どのように話し合わせるのか、しっかりと把握していないのです。

　対話には結論をひとつにまとめていく収束型と、さまざまな意見を出し合う拡散型の2つの型があります。学習の場面で使われる、いわゆる「話し合い」は、収束型が多いようです。ただし、結論をひとつにまとめるにしても、

・いくつかの意見の中からもっともよいものを選ぶ
・さまざまな意見をひとつにまとめる
・いろいろな意見を出した上で、新しいものをつくり上げる

など、いくつかの方法があり、どの方法を取るのかによって、対話の進め方や留意点が違ってきます。

　指導者は、子どもたちにどんな話し合いをさせたいのか、対話のモデルをつくることが大切です。子どもの立場で具体的な話し合いを想定していくと、そうした話し合いをさせるために必要な指導のポイントが明確になります。

拡散型の対話を繰り返し体験させる

　一方、社会生活において求められているのは、拡散型の対話、つまり、意見をひとつにまとめるのではなく、さなざまな考えがあることを知ること自体を目的とした対話です。

　みんなと違うことを極端に恐れ、出る杭を打とうとする多くの日本人にとって、拡散型の対話はもっとも苦手なことかもしれません。

　拡散型の対話を身につけるためには、「人はみんな違うのが当たり前である」という前提に立ち、「ほかの人はどんな風に考えるのだろう？」と、違いを知ることに興味や好奇心をもつことが不可欠です。

　学校のクラスに当てはめるならば、子どもたちがお互いの存在を尊重し合い、自分の考えをきちんと伝え合える関係をつくることです。

　その上で、「大切にしているもの」「とっておきの場所」といった、それぞれの体験や考え方が表れるようなテーマを選んで対話をたくさん体験させ、友だちを深く知ることの楽しさを味わわせます。

　拡散型の対話を繰り返し体験させることで、何かを決める収束型の話し合いでも、ただ多数決を取るのではなく、互いの妥協点を見つけたり、譲り合ったりしながらよりよいものをつくり上げていくことができるようになります。

第4章

友だちとの対話を深めよう

　教科の授業や学級活動などで、話し合いがうまくかみ合わなかったり、意見が対立してしまったりして困ったという体験は、だれもがあるでしょう。

　第4章では、対立や混乱を恐れず、批判や異なる意見をむしろいかして話し合うためのさまざまな方法を紹介しています。

① やり取りがはずむ

話し合いを活発にするためには、まず、相手の話を聞くことが大切です。ただ聞いているだけでなく、しっかり聞いていることを伝えたり、相手のいいたいことを推測して、引き出す工夫をしたり、相手の意見を取り入れて新しい意見をつくり上げたりする聞き方が効果的です。また、相手とはちがう視点から自分の意見をいうと話がはずみます。話し合いの前に、内容について調べておくのもよい工夫です。

1 日ごろからおもしろい話を仕入れておく

へえ、キノコを栽培するアリがいるなんて、きっとみんな知らないだろうな

日ごろからいろいろと調べ、おもしろい話題、感心してしまう話題などを見つけておき、機会をとらえて話すと、聞き手の興味を引きつけることができ、話を盛り上げることができます。

2 相手の話を引き出す工夫をする

なるほどね

夏休み、はじめて海外旅行にいったんだ！

アキコちゃんはきっと楽しかったんだろうな

へえ、いいなあ。どこにいったの？

「なるほど」「そうなんだ」などと、話をしっかり聞いていることを示したり、「どうしてそう思ったの」「それでどうしたの」などと質問したりすると、相手の伝えたいことを引き出すことができます。

難易度★★☆

工夫をしよう

ヒント　「やり取りをはずませる」ためには、まず自分の意見をもつことが必要です。さらに、相手の伝えたいことを想像して、それを意図的に引き出したり、相手の意見のよさを認めてそれを生かす姿勢をもちます。グループでの話し合いでは、やり取りがはずむように配慮する進行役にも挑戦してみましょう。

3　異なる視点からの意見や体験談を出す

「少しちがうこと考えたのだけど、わたしの体験からいうとね」

みんなで話し合っているとき、ちがう視点から意見を出したり、自分の体験を紹介したりすると、話がはずみます。

4　盛り上げ役になる

「ショウコさん、たしか前に自由研究でホタルのこと発表してたよね。どう思う？」

みんなで話し合うときには、参加者の全員が話すと話がはずみます。あまり話せない人がいたら、盛り上げ役の人がさりげなく話題を振り、意見や体験を話すように機会をつくります。

② 「少し考えさせてください」

突然発言を求められたり、自分の考えがまだまとまっていないときに意見を述べるようにうながされたりすると、どうしてよいのかとまどってしまいます。そんなときは、反射的に「わからない」と答えてしまうのではなく、自分の考えをまとめるための時間をもらうと、説得力のある意見を述べることができるようになります。

1 シンキングタイムを取る

> それでは、いまから2分間、シンキングタイムを取ります。タイマーをセットしますので音が鳴るまでに、自分の考えをまとめておいてください

> 時間があってよかった

話し合いをする際、意見を求める前に、司会がシンキングタイムを取ります。だらけた雰囲気にならないように、シンキングタイムは1、2分間にします。短い時間でも、落ち着いて自分の考えをまとめることができます

2 発言した人の考えを聞いて意見をまとめる

> うーん、どうしたらいいんだろう

> なるほど、ぼくはシュウくんの考えに似ているな

> 意見がまとまったぞ

> はい。ぼくはやっぱり飼育動物は魚がいいと思います。理由は飼育がしやすいのがいちばんだと思うからです

> わたしは、ネコがいいです。理由は動物とふれ合って楽しみたいからです

発言の順番をあらかじめ決めておくのではなく、考えがまとまった人から発言するようにします。友だちの意見やコメントを聞き、メモを取りながら、自分の考えに近いもの自分の意見をまとめてみましょう。

難易度★★☆

「時間をください」も立派な対話

ヒント お互いに意見をきちんと受け止めて真摯に対応するためには、時間がかかることがあります。「考える時間をください」と相手に求めることは、真摯に対応しようとする態度の表れです。すぐに意見をいえないことは、決してはずかしいことではないのです。

3 自分の考えや立場を図に表す

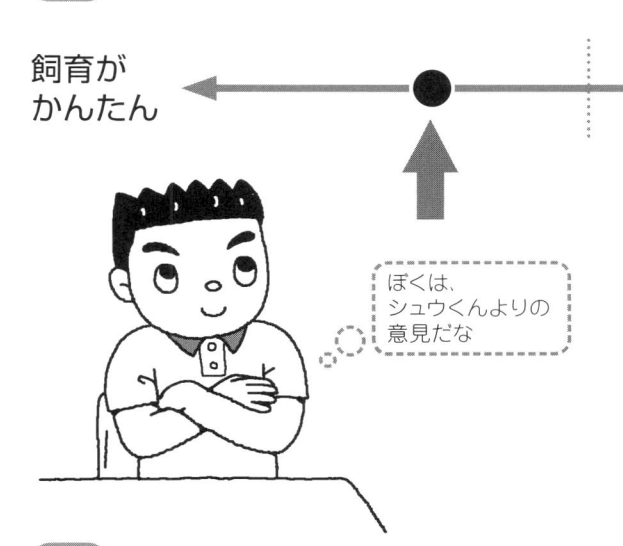

飼育が かんたん ←　　　　　　　　→ ふれ合って 楽しめる

ぼくは、シュウくんよりの意見だな

ことばで考えても、どのようにまとめてよいのかわからないときがあります。先に発言した友だちの意見をメモし、自分の考えや立場がどのあたりにあるのか図に表してみると、新しいアイデアが頭に浮かび、友だちの意見につけ足して発言することができます。

4 意見を保留する

少し考えさせてください

時間をください

意見がまとまらず、すぐに発言できないときには意見を保留します。保留するときには、かならず「少し考えさせてください」または「時間をください」といいます。

③ わかってもらえなかっ

　自分の考えや思いを相手に正確に伝えることは、案外むずかしいものです。筋道を立てて、説明する必要がありますし、同じことをいっても相手によって受け取り方がちがうこともあるからです。

　一度でわかってもらえなくてもあきらめてはいけません。わかってもらえるようにいい方を工夫して、もう一度伝えてみることが大切です。

1 結論を先にいい直す

> ○○○○は△△△△だし、□□□□は××××だし……

> 結局、何がいいたいのかな？

> つまり、わたしのいいたいことは○○です。そのわけは……

> なるほど、たしかにそうだよね

結論（自分がいちばん伝えたいこと）を先にいうと、伝えたいことが相手にはっきりと伝わります。

2 具体的な体験を盛り込んで話す

> たとえば、わたしが小さいとき、こんなことがありました。……

> なるほど、説得力があるな

話し手の体験を話すと、具体性と説得力が増すので、相手にわかってもらいやすくなります。

難易度 ★★☆

たらもう一度いい直そう

ヒント 一度話して相手にわかってもらえないと、そこであきらめてしまいがちです。しかし、それでは対話する力は身につきません。わかってもらえるように、話し方を工夫したり、どこがわからないのか相手に確かめたりします。そして、もう一度話すと、相手にわかってもらいやすくなります。

3 順序がわかるようにしていい直す

- まず、○○○○です
- つぎに、△△△△になるので
- さいごは□□□□のようになります

（よくわかった。順番にいってくれるとわかりやすいな）

話の流れを整理しながら話すと、相手に伝わりやすくなります。

4 どこがわからないか確認してもう一度話す

- わたしの話、どこかわかりづらいところあった？
- えっとね、サトコさんがどうしてそう思ったのかがよくわからなかったんだ
- そうか。ごめんね、つまり……

相手によく伝わっていなそうだと感じたら、どこがわからなかったところはないか、聞いてみましょう。

④ 友だちからの質問

　人から質問されたり、反対されたりすれば、だれでも緊張します。しかし、質問されたり反対されたりすることは、自分の考えをよりたしかなものにしていくためのよい機会です。

　質問や反対意見にうまく答え、自分の考えを相手にわかってもらうためには訓練が必要です。相手の質問や反対意見に対する心構え、うまく答えられないときの対処法、また、質問や反対意見に強くなるためのトレーニングをします。

1 どんな質問も前向きに受け取る

○○○○は□□□□ではないのですか？

質問してくれてありがとう

質問されるということは、相手が興味をもって聞いてくれている証拠です。まずは相手に感謝し、前向きに受け取り、質問に耳を傾けます。

2 相手の質問の意図を考える

ヒロシくんは、こういうことを質問したいんだな

アキラくんは、この部分に疑問を感じているんだな

相手がどこに疑問を感じているのかを考えます。そして、自分の意見を見直し、質問に対する答えが見つけます。

難易度★★☆

や反対意見に答えよう

ヒント 質問や反対意見を通して、いろいろな人の考えを聞いて取り入れることで、自分の考えをよりよいものに変えていくことができます。自分とは異なった意見や反対意見に反発せず、むしろそうした意見をいかす方法を身につけます。

③ 質問を事前に予想しておく

「○○○○についてはどう思いますか？」

「あ、予想していた質問がきた！答えられる」

あらかじめ、「こんな質問がきたらこう答えよう」「こんな反対意見をいわれたら、こう切り返そう」と予想し、自分の意見を準備しておくと安心です。

④ うまく答えられないときは考える時間をもらう

「すぐに思いつかないな」

「考えるから少し時間をくれる？」

「いいよ」

質問や反対意見に対する答えがすぐに思い浮かばないときがあります。その場で答える必要はありません。あせらずに「考える時間が欲しい」といいます。

69

⑤ 賛成・反対に意見

　友だちの意見に賛成、あるいは反対を表明するだけでも立派な意見です。ただし、賛成（反対）表明するだけでは、十分に自分の考えが伝わりませんし、賛成する（反対する）理由や、「つけ足しの意見」をいえると話し合いに広がりや深まりがでてきます。人の意見をよく聞いたり、新たな視点から考えたりして、自分の意見をつけ足すのもよい方法です。

1 自分の意見と照らし合わせながら人の意見を聞こう

> ぼくは、○○だから△△だと思うんだよね

> ふーん

> ふむふむ。わたしも○○のところは同じだなあ

自分はどうして賛成（反対）なのか、自分とどこが同じ意見で、どこが違うのかを考えながら人の意見を聞きます。

2 賛成・反対の意見に理由をつけ足そう

> （賛成）
> ○○さんの意見に賛成です。なぜなら△△だからです

> （反対）
> ○○さんの意見に反対です。なぜなら△△だからです

●賛成
親指と人差し指で輪っかをつくってグーサイン

●反対
拳を握って

●つけ足し
人差し指を立てて

●質問
チョキのサイン

賛成・反対というだけでなく、なぜ賛成（反対）なのか理由を述べます。

事前に考えを表すサインを決めておき、自分がどう考えたのかをそのサインで示せるようにしておくと、多くの人が話し合いに参加しやすくなります。

をつけ足そう

難易度★★☆

> **ヒント**　話すことが苦手な子にとっては、賛成か、反対かを表明することも大事な自己表現のひとつです。話し合いのなかで、賛成・反対の意見を表明する機会を設けます。また、つけ足しの意見をいえた子はみんなでほめることで、だれもが安心して「つけ足しの意見」をいえるようになっていきます。

3 意見をつけ足そう

> アキコさんの意見に
> ほとんど賛成です。
> でもちょっとつけ足すと、
> △△△△です

人の意見とのちょっとした違いも、自分の大切な意見です。ここが違うなと思ったら、自分のことばでつけ足しましょう。

4 意見は途中で変わってもかまわない

> いままで○○だと思っていましたが、
> シュウくんの意見がとてもいいと
> 思いました。
> なぜなら、△△だからです

話し合いのなかで、自分の意見が変わってもかまいません。意見を変えた理由をいえると、さらに議論が深まります。

⑥ 意見の対立を解決

　友だちと意見がうまく一致することもあれば、ぶつかることもあります。意見がぶつかったとき、あきらめて相手の意見にしたがったり、反対に自分の意見を一方的に押しつけたりしがちです。

　しかし、それでは話し合いをする価値がありません。意見がぶつかったときこそ、それを乗り越えて、新しい考えを生み出そうと努力することが必要です。

1 条件つきで同意する

■休み時間の教室の使い方

> 私は本を読みたいので、休み時間には静かにしていてほしいです

> 休み時間なんだから、教室で何をしても自由だと思います

> 提案ですが、走り回ったり、ボール投げしたり、危険なことを**しなければ**、自由に過ごしていいと思います

「○○すれば」「○○しなければ」という条件をつけることで、相手の意見に同意できないか考えます。

2 部分的に同意する

■学級文庫のもち出し

> 家にもって帰るとなくしたり、やぶれたりするから、もち出しは禁止するべきだと思います

> 教室だけでは読める時間が限られているので、雑誌**だけは**よいことにしたらどうかと思います

意見の対立を完全には解消できなくても、部分的に合意するという方法があります。

難易度★★★

する方法を身につけよう

> **ヒント**
> 人との意見対立はできれば避けたいとだれもが思います。しかし、生活するなかで人と意見が対立するのは避けられません。対立から新たなものや考え方が生まれることもあります。対立をチャンスととらえ、それを解消する方法を身につけます。

3 発想を変える

■バザーの売り上げの使い道

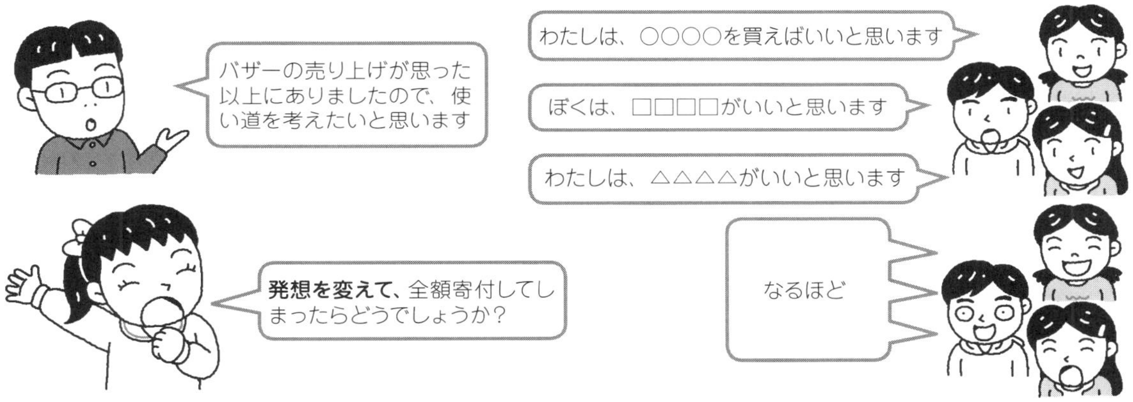

- バザーの売り上げが思った以上にありましたので、使い道を考えたいと思います
- わたしは、○○○○を買えばいいと思います
- ぼくは、□□□□がいいと思います
- わたしは、△△△△がいいと思います
- 発想を変えて、全額寄付してしまったらどうでしょうか？
- なるほど

それぞれ希望を出し合ってまとまらないときには、発想を変えてみると解決できることがあります。

4 段階的に解決する

■汚れた川をきれいにする方法

- 汚れた川をきれいにする方法を考えてください
- 汚れた水を川に流さないように呼びかければよいと思います
- 月2回、みんなで川そうじをすればよいと思います
- 川そうじはよい考えだと思いますが、最終的には下水処理施設をつくる必要があると思います

●段階的に解決できないか考えると…
第1段階　汚れた水を川に流さないように呼びかける
第2段階　みんなで川そうじをする
第3段階　市長さんに呼びかけて下水処理施設をつくってもらう

問題が複雑な場合は、一度に解決することがむずかしくなります。一見するとお互いが対立しているように感じることがあります。そんなときは、段階的に解決できないか考えます。すると、それぞれの意見が、段階ごとの解決策になっていることがわかります。

7 意見を否定された

話し合いでは、自分の意見がかんたんに否定されてしまうことがあります。いいたいことが相手に正しく伝わっていないと感じたときや、自分の意見が理解されていないと感じたとき、また、理由もなく感情だけで否定されていると感じたときは、冷静かつ論理的に、場合によっては視点や論拠を変えて、もう一度自分の意見を述べて相手を説得してみます。

1 体験をもとに話す

- 砂漠地帯の水不足をなくすためには井戸を掘ることが大切だと思う
- 井戸を掘ったって少しの水しか手に入らないからだめだよ
- ぼくの家は、地震で水道が止まったんだ。井戸があればと思ったよ。水が少ししか出ないとしても、出れば役に立つと思うよ
- なるほどね

自分が体験したこと、映像で見たり知人に聞いたりしたことを根拠にして意見を述べると、相手はその意見を受け入れてくれやすくなります。

2 相手の意見に再反論する

- 砂漠地帯の水不足をなくすためには井戸を井戸を掘ることが大切だと思う
- 井戸を掘って地下水を組み上げて地盤沈下した国があるから、やめたほうがいいよ
- 地盤沈下するのは地下水を使いすぎに原因があると思う。生活に最低限必要な井戸は、やっぱり必要だと思う

相手が理由を示して否定するときには、その理由に対して反対意見を述べます。

難易度★★★

ときはもう一度説得しよう

ヒント 自分の意見を否定されると、自信がなくなってしまいます。それ以上反論する気持ちがなくなり、そのまま引き下がってしまいがちです。しかし大切なことは、相手にわかってもらうことのむずかしさを覚悟しつつ、粘り強く、そうして少しでも自分の伝えたいことを伝える工夫をしていくことです。

3 相手を受け入れて別の理由を示す

- 地球温暖化防止のために、二酸化炭素を出さない太陽光発電や風力発電をふやすべきだと思う
- 太陽光発電や風力発電は、発電量が天候や時刻に左右されるからあまり役立たないと思う
- たしかにショウコさんのいうとおりだと思う。でも、太陽の光や風は、いくら使ってもなくならないから、太陽光発電や風力発電をふやさない手はないと思うよ

相手の反対意見を一度受け入れ、自分の意見のよさを理解してもらうために、別の理由を示します。

4 自分の意見の背景を説明する

- わたしは、これからは、太陽光発電や風力発電をふやすべきだと思う
- 太陽光発電や風力発電は、発電量が天候や時刻に左右されるからあまり役立たないと思う
- いずれなくなってしまう化石燃料に代わるエネルギーとして、太陽光発電や風力発電が必要だと思うんだ

自分がどうしてそうした意見をもっているのか、背景を説明して、自分の意見の正しさを説明します。

⑧ 対立する意見から

意見が対立して、話し合いがまとまらないことがあります。そんなときは、自分の意見にこだわりつづけるのではなく、お互いの意見をもう一度整理して、話し合いの目的にそって意見をまとめることが必要です。それでも意見が対立するようならば、譲歩したり、新しい意見を出したりします。ここでは、意見対立を解決する方法を学びます。

1 意見のよいところ・問題点を考えよう

お楽しみ会で何をするか

サッカー
○いままでやったことがない
×ルールを知らない人がいる

ドッジボール
○だれもがルールを知っている
×何度もやったことがあり新鮮味がない

わたしはドッジボールがいいな

ぼくはサッカーがいいな

意見を出し合い、それぞれの意見のよいところ・問題点を考えます。その際、出された意見が話し合いの目的にかなっているかどうかをチェックします。

2 同時にいかせないか考えよう

サッカーのルールを知らない人もいるようなので、サッカーをやる人と、ドッジボールをやる人でわけてみたらどうでしょうか？
グラウンドが広いのでそれぞれの希望を叶えることができると思います

対立する意見を同時にいかす方法はないか考えてみましょう。なぜ同時にいかせるのか理由もしっかり話します。

難易度★★★

新しい意見を生み出そう

ヒント 意見が対立したとき、相手の気持ちに配慮しすぎて自分の思いを抑え、相手の意見に合わせてしまっては、本当の意味でわかり合える関係とはいえません。意見が対立したときこそ、新たな解決策や価値観、知恵などを生み出すチャンスです。

3 意見を受け入れる条件を考えてみよう

「ルールがわからないけど、新しいスポーツには挑戦してみたいので、ルールについて説明しながら練習をしてくれるなら、サッカーでもいいと思います」

条件をつければ相手の意見を受け入れられないか考えてみます。ただし、自分の気持ちをむりに抑えていないか、ほんとうに受け入れられる意見か考えてみましょう。

4 新しい意見をつくり出そう

〈満たしたいこと〉
・全員が知っているスポーツ
・普段はあまりやらないスポーツ

意見対立がつづき、どちらの意見も受け入れられない場合には、お互いの意見のよいところを同時に満たし、みんなが受け入れられる新しい意見を考えます。

⑨ 話し合いを整理し

　話し合いでは、それぞれの意見を活発に出し合うことが大切です。ところが、そうして話し合いを進めるうちに、議論が混乱してしまうことがあります。
　混乱したときこそ、新しい知恵が生まれる可能性が高くなります。混乱は、多様な視点から意見が出されている証拠だからです。混乱を整理し、話し合いをまとめるこつを学びます。

1 話し合いの目的を確認する

「きょうは、クラスで飼育する生き物は何がよいかについて話し合います」

「いろいろな意見が出ました。もう一度、話し合いのテーマを確認して、それぞれの意見を見直しましょう」

「ああ、そうだった」

話し合いの前に、何のために（目的）、何について（課題）話し合うのかを確認します。

話し合いが混乱してきたら、もう一度、その日のテーマをみんなで明確に意識します。

2 意見を分類・整理する

■クラスで飼育する生き物を決める

【1グループ】　魚類
・さかな
・メダカ
・金魚
・ブラックバス
・フナ

【2グループ】　爬虫類
・カメ
・ヤモリ
・トカゲ

【3グループ】　大きな動物
・イヌ
・ネコ
・ニワトリ
・ヒツジ
・ブタ
・インコ

【4グループ】　クラスで飼育するのはむずかしいもの
・ゴジラ
・クマ
・ゾウ
・恐竜
・キリン
・ウマ

てまとめよう

難易度★★★

> **ヒント**
> 解決策をさぐるためには、自分の考えにとらわれず、相手の話をよく聞く、固定観念や先入観などの思い込みをもたないようにすることが大切です。また、納得できたら相手の考えのよさを認める柔軟性も必要です。論議していてまとまらないときに、時間をとったり、別の角度からの解決策を模索することも大切です。

3 それぞれの意見のよさや特徴をさがし合う

- それぞれの意見のよいところは何でしょうか
- 1グループのよいところは、飼育が比較的かんたんなところだと思います
- わたしは直接さわったり抱いたりできる動物がいいな。魚だとさわれなくていやだな
- 魚は飼いたくないけど、たしかに飼育はかんたんなほうがいいな

それぞれの意見のよいところを探すことで、よりよい答えに近づきます。それぞれの意見のよいところを認め合うことが大切です。

4 意見を生かす工夫をする

意見を修正する	魚類→よいところは飼育がかんたんなところ→飼育がかんたんな動物
複数の意見を合わせる	爬虫類＋大きな動物＝直接さわれる動物
意見を元に新たな意見を考える	飼育がかんたんで、みんなが直接さわれる動物

よいところをいかしながら修正したり、複数の意見をまとめたりしながら、新しい答えがないか考えます。するとみんなが納得のいく答えに近づきます。

コラム 対話の手法を取り入れた授業で子どもの学習意欲を引き出す

　学校では、学級活動をはじめ、総合的な学習の時間、委員会活動など、子ども同士が話し合う機会が多くあります。また、国語や算数、理科、社会などの教科学習の時間でも、子どもに質問したり、意見を求めたりすることがあります。
　こうした機会に対話の手法を取り入れると、授業が盛り上がり、子どもたちはがぜん意欲的に学習するようになります。

考えを広げ、深める意見を取り上げる

　総合的な学習の時間に2、3カ月かけて川について調べ、最後に「川をきれいにするための方法」について議論したことがあります。
　子どもたちは「汚れた生活排水を流さない」「全校集会で訴えよう」「学校便りに僕らの考えを載せてもらおう」などと、学校内でできる方法について、意見を出し合いました。ところが、ある子が「学校だけではだめ。学校の外の人にも訴えなければいけない」と発言しました。
　そこで、「では、学校外の人にどのように伝えるのか、よい考えがある人は意見をいってください」と子どもたちに問いかけました。すると子どもたちは、「川原に看板を立てよう」「町会の回覧板を使わせてもらおう」「上流の町の人たちにも訴えよう」と、新たな視点に立った意見を次々に発表しました。
　子どもたちから話し合いの視点が広がるような意見が出されたときには、話し合いを進行する教師やおとなはそれを上手に取り上げ、子どもたちの考えをさらに深めるように導いていきます。すると、子どもたちの学習意欲はおのずと高まっていきます。

対話を通じて新たなアイデアを生み出す「共創的対話」

　話し合いのなかで、子どもたちからは「川をきれいにしたい」「生き物がすめる川にしたい」「昔は大切にされていた川なのに、残念」など、一見すると「川をきれいにするための方法」からは離れるような感想が出されました。しかし、それらの感想には、子どもたちひとりひとりの川に対する思いが込められていました。
　子どもたちのそうした思いは「みんなに好きになってもらえる川にしよう」「川をみんなの憩いの場にしよう」という新たなアイデアにつながっていきました。子どもたちは川をきれいにする方法をただ考えるだけではなく、きれいにした川をどのように利用したいのかという視点から、新しい意見を生み出したのです。
　このように、話し合いの参加者同士が対話をしながら新しいアイデアや考えを生み出していくことを「共創型対話」と呼びます。授業のさまざまな場面で「共創型対話」を体験させることで、子どもの対話力が高まります。
　さらに、「共創型対話」の結果を実行に移してみることが重要です。みんなで知恵を絞って出した結論を実際におこなってみることで、対話の重要性を実感することができるからです。そして、対話の重要性を実感した子どもたちは、対話を取り入れた授業に、さらに意欲的に参加するようになるでしょう。

第5章

対話力を高めるワーク

　第5章では、対話力を高めるためのさまざまなワークを紹介します。
　対話の手段はことばだけではありません。表情、視線、手の動きなどの体を使った表現方法もあります。だまってうなずくことも効果的な対話の手段です。相手の話をしっかりと聞いて理解し、自分の伝えたいことを気持ちをこめて表現することでよい対話が成立します。

① アイスブレーキング

　初対面の人とうちとけるためには、相手の名前を覚え、その人がどんな人なのか知る必要があります。さらに、何かを協力してすることで、その人に対する親しみが増します。
　ここでは、初対面の人とうちとけるためのゲーム感覚で楽しめるアイスブレーキングという手法を紹介します。

1 相手を知る

■聞き取りカード

名　前	
好きな食べ物	
好きな動物	
得意なこと	

聞き取りカードをもって部屋の中を自由に歩き、出会った人の名前、好きな食べ物、好きな動物、得意なことを質問してカードに書き込みます。

2 わたしはだれでしょうクイズ

■プロフィールカード

好きな教科	
好きな食べ物	
得意なこと	

①カードの表に自分のプロフィールを書きます（すきな教科、すきな食べ物、得意なことなど）。

②カードの裏側に自分の名前を書きます。

③みんなのカードを回収して混ぜます。

④選んだカードのプロフィールを読み上げ、だれなのかを当てます。

難易度 ★☆☆

で初対面の人とうちとけよう

ヒント コミュニケーションが苦手な子に必要なのは、自分を知ってもらう→相手を知る→共通点を見つけて親しくなる→もっと仲よくなりたいという気持ちになる、という体験の継続です。そうした体験をゲーム感覚でできるのがアイスブレーキングです。

3 ジェスチャーで物語当てゲーム

浦島太郎
● 第1の場面　大きなカメ／カメをいじめている子どもたち／通りかかる太郎

● 第2の場面　竜宮城のようす／踊る魚たち／見ている乙姫さまと太郎

● 第3場面　玉手箱をあけている太郎　木が生えている海岸

■やり方

① 3～5人程度のグループをつくります。

② だれでも知っている物語を選びます。

③ 物語の中から有名な場面を3つ選びます。

④ 3つの場面をグループ全員でポーズで表現します。写真のように静止して動いてはいけません。

⑤ まわりの人はジェスチャーを見て、何の物語かを当てます。

② ネイチャーゲームで

　対話は、机に向かって習得するものではなく、自然なやりとりから必要に応じて生まれるものです。そこで、いろいろなネイチャーゲームに挑戦しましょう。自然体験を通して五感をはたらかせることで、当たり前だと思っていたことが新鮮に見えるようになり、自然のよさをわかち合うことで、自然と対話を楽しむことができます。

1 わたしはだれでしょう

- ■やり方
  - ①それぞれの背中に動物カードをつける（本人にはわからないように）。
  - ②友だちに背中のカードを見せて１つ質問をする。
  - ③お互いに質問をしたら、相手をかえて多くの人に質問をする。
  - ④背中のカードの動物がわかったら、判定者に確認し、正解なら動物カードを胸の前につけかえます。

ぼくは、こういう生き物です。ぼくは、水の中にすんでいますか？

4本です

いいえ、水の中にはすんでいません

ぼくの足は何本ありますか？

はねはありますか？

はい あります

　はじめて話す人とでも、質問を通じて対話のきっかけをつくることができ、質問することの楽しさを体験することができます。

難易度★☆☆

自発的な対話を楽しもう

ヒント すでに仲のよい友だちとだけではなく、普段はあまり話したことがない人ともグループを組んでみましょう。「そういう考えがあったんだ」と友だちの新たな考えに気づいたり、いっしょによろこびや楽しさをわかち合うことができます。フィールドを選び、安全に注意しておこないます。

2 木のセリフ

■やり方
①木や植物を観察し、気に入ったところを見つける。
②吹き出しカードにその木や植物の気持ちになってコメントを書く。
③吹き出しカードを気に入ったところにはりつけて友だちに紹介する。

> この切り株から、小さな芽が出ていて、がんばっているなと思ったんだ

> なるほど。がんばれ○○○くん。ぼくも応援するよ

> お〜い。ぼくはここにいるよ。

お互いの木の気持ちを考えてあげることで、自然な対話をすることができます。友だちが考えたセリフのよさを伝えてあげるといいでしょう。

③ プロジェクトアドベンチャー

みんなでどきどきするような体験をすると、お互いに自然と協力し合うことができます。体験を通じて、協力するには対話が必要なこと、対話をすると心を通じ合わせることができること、そして、対話によって問題を解決しやすくなることなどを実感できます。手軽にできるかんたんな活動を紹介しました。クラスなどでチャレンジしてみましょう。

1 電柱でござる

■やり方
① 2つのグループに分かれ、丸太の両側に立ちます。
② ひとりずつ、同時に反対側の端に移動します。
③ 声をかけ合って、相手のグループの人とうまくすれちがいます。

・できるだけ早くすれちがう方法を話し合います。
・みんなで声をかけ合って協力することがとても大切なポイントです。
・校庭にある丸太棒や平均台を使ってできる活動です。

2 フラフープ

■やり方
① みんなで手をつないで、ひとつの輪をつくります。
② うでにひとつのフラフープを通し、手をつないだままでできるだけ早くフラフープを一周させます。
③ どうしたら早くフラフープを一周させられるか話し合いをします。
④ もう一度、くり返します。

難易度★★☆

で対話の重要性を体験しよう

ヒント　ここに紹介したのは「プロジェクトアドベンチャー」という人間関係の改善を目指したプログラムです。楽しみながら課題をクリアしていく過程で、必然的にコミュニケーションが生まれます。コミュニケーションを取りながらみんなで課題をクリアすることで、話すことに自信をもてるようになります。

3 エブリボディアップ

■やり方
① 足をのばして座り、となりの人と足の裏をくっつけます。
② となりの人と腕を引っ張り合って、みんなでいっせいに立ち上がります。
③ さいしょは2人ではじめます。
④ 成功したら3人で挑戦します。
⑤ さらに成功したら4人、5人と、人数をふやしていきます。
⑥ どうしたらうまくいくか、みんなで話し合います。

相手を信じて力を入れないと立ち上がることができません。30人ぐらいの大人数でも立ち上がることができます。

4 トラストフォール

■やり方
① 7～9人ひと組になります。
② ひとりはステージなどの台上に立って後ろを向きます。
③ 残りの人は台の前に2列で並び、内側を向いて前の人と手をしっかりと組みます。
④ 台上の人は、台下の人が組んだ腕の上に、後ろ向きのまま倒れ込みます。
⑤ 台下の人は手を組んだままその人を受け止めます。
⑥ 倒れ込む人を変えて、順番に体験します。

みんながお互いを信じていないとできません。声をかけ合いながらお互いに勇気づけ、信頼を高めることが重要です。危険が伴うので、必ず大人がつきそいます。勇気を出して倒れ込むことができたらみんなでたたえます。

④ ことばを使わない

　ことばを使わなくても、人は自分の伝えたいことを相手に伝えることができます。表情、視線、手の動き、相手との距離、時間の長短などを工夫して、考えや気持ちを効果的に伝える「ことばを使わないコミュニケーション」の方法を身につけましょう。

１ たくさんの友だちと握手をする

相手の目を見ながら、なかよくなろうという気持ちを込め、にこやかな表情で握手をしましょう。

２ 表情や体の動きで気持ちを伝える

●うれしい　　　　　●悲しい　　　　　●怒っている

グループにわかれ、順番にジェスチャーで気持ちを表現し、どんな気持ちを表しているか、当て合います。ジェスチャーした人の表現方法のよいところを見つけます。

コミュニケーション

難易度 ★★☆

ヒント 非言語コミュニケーション力は、少しの工夫で高めることができます。さまざまな手法を実際に体験しておくとよいでしょう。また、非言語コミュニケーションが上手な人のまねをするのもよい方法です。たとえば、スピーチや対話の上手な人の体の使いかたや間の取り方などを映像資料で見るのはとても効果的です。

③ 間や距離の効果的な活用方法を知る

音読やスピーチ、話しをするときに、少し間を取るとわかりやすくなります。また、たいせつなことを話すときにも、その前も間を取ると、聞き手の注意を向けることができます。

どんなときに、どのくらい相手との距離を取ると、話しやすく、気持ちが伝わりやすいか、いろいろ試してみましょう。

④ ことばを使わずに生まれた月日の順に並ぶ

ことばを使わずに、ジェスチャーだけでクラス全員が生まれた月日の順に並んでみましょう。並び終えたら、ひとりひとりが生まれた月日をいって、合っているかどうか確認します。ことばを使わなくても意図を伝えることができることがわかります。

5 スピーチに挑戦し

　スピーチは、自分の考えや思いを伝え、自分自身のことを知ってもらうよい機会です。スピーチするときは、どんな人でも失敗することをおそれ、緊張してしまいますが、うまくスピーチできたことを想像しながら練習しましょう。スピーチが上手にできるようになれば、人前で話すことに自信がつきます。また、伝えたいことを整理して、相手に話す力を身につけることができます。

1 スピーチのテーマを決める

①スピーチのお題を考え、紙に書きます。
②紙を折りたたんで箱に入れます。
③スピーチする人は、箱から1枚引き、テーマにそったスピーチを準備します。
④翌日、みんなの前でスピーチします。

●スピーチに適したテーマ

・わたしの得意なこと

・わたしの大切なものや人のこと

・ニュースを見て思ったこと

・土日にあったできごと

・自分の名前の由来

・○○のつくり方、○○のやり方・いってみたい国・場所

2 スピーチの原稿を書く

①	もっとも主張したいことを書く
②	その理由や事例を挙げる
③	資料の効果的な使用個所を考え、原稿にメモする
④	最後にもう一度主張を書く

テーマを決めたら、スピーチの原稿を書きます。いいたいことが聞き手にはっきりと伝わるように工夫します。もっとも主張したいことを最初にいい、最後にもう一度主張を述べると、大切なポイントが聞き手に伝わります。用意した資料はどこでどのように使えばもっとも効果的かを考え、原稿にメモします。原稿は実際の話しことばで書きます。

難易度 ★★☆

よう

ヒント
スピーチが上手な人の視線、顔の表情、間の取り方、話すスピードの変化、ことばの使い方などをよく観察し、参考にします。一方的に話すだけでなく、聞き手の反応を確かめながらスピーチすることが大切です。十分に準備し、くり返し練習しておくことが、上手なスピーチのこつです。練習の際に、おとなに聞いてもらい、アドバイスをもとめるのもよいでしょう。

3 発声や身ぶり手ぶりを確認しながら原稿を読む

①	はっきりとした大きな声で原稿を読む
②	強調したいところの前後に間を入れる
③	聞き手を想像し、その人に話しかけるように表情、身振り、手振りを交える

鏡の前に立ち、自分の姿を確認しながら、もっとも相手に伝わる話し方を考えます。声の大きさ、間をとるところ、表情、身ぶり手ぶりなどを原稿に書き入れます。

4 聞き手に質問する

「到着するのに何時間かかったと思いますか？」

一方的に話して終わりにするのではなく、おしまいに質問の時間を取りましょう。また、「みなさんもやったことがありますか？」「このあとわたしは、何をしたと思いますか？」など、スピーチの途中で質問すると、聞き手を引き込むことができます。

6 とっておきの話を

初対面の人に話しかけるのは勇気のいることです。でも、何を話してよいかわからずだまったままでいると、だんだん気まずい雰囲気になってしまいます。

そんなときは「とっておきの話」をしてみましょう。相手の興味を引きつけ、会話がはずみ、気まずかった時間があっという間に思いがけない楽しいひとときに変わります。

1 「とっておきの話」とは？

①自分の好きなもの 得意なこと	
②身のまわりで 記憶に残るできごと	
③自然や天気、町の ようす、景色など	
④本で読んだこと テレビで見たこと	
⑤友だちなど 人から聞いたこと	

「こんな話をしたら盛り上がった」「話がはずんだ」という話題が「とっておきの話」です。そうした話を収集整理して、わかりやすく話せるようにしておきます。

2 相手が話を継ぐことのできる話題を選ぶ

> ネコを飼ってるんだけど、まだ子どもで、こないだ、わたしのベッドの上でおしっこしちゃって。
> 布団を全部クリーニングに出したり、大変だったんだ

> うわー！
> 部屋はどうなったの？
> うちには犬がいて……

あわてたこと、びっくりしたことなど、ハプニング性のある話題というだけでなく、「そういえばわたしも…」と相手が話を継いでいけるような話題が「とっておきの話」です。

難易度★★★

しよう

ヒント だれもが「とっておきの話」の元になる体験をしているはずです。しかし、それに気づくのはなかなかむずかしいことです。友だち同士で体験談を出し合います。友だちの出した体験談の中から、おもしろそうなものを選んでくわしく質問してみます。同じように、友だちから質問されることで、自分にもとっておきの話があることに気づきます。

3 クラスで「とっておきの話」大会をする

■やり方
① 2人ひと組になって、「とっておきの話」をし合います。
②＜わはは度＞カードを交換します。
③べつの人とまた話し、カードを交換します。
④カードの得点が高かった話は、みんなの前でもう一度します。
⑤慣れてきたら「ゆかいな話」「家族の話」など、テーマを決め、テーマにそった「とっておきの話」をします。
⑥＜わはは度＞を、話の内容に応じて＜同感度＞＜びっくり度＞などに変えてもかまいません。

＜わはは度＞カード　　　　　　　　　　　　名前：

☆☆☆☆☆☆☆☆☆☆　〈わはは度〉に応じてぬりつぶします

あらすじ　話のあらすじを書きます

わははポイント　どこがおもしろかったか書きます

7 インタビューしよう

初対面の人にインタビューをするのは大変勇気がいるものです。しかし、インタビューは、初対面の人と話す練習になります。インタビューの仕方を紹介します。少し工夫することで、楽しくインタビューすることができます。ひとりだけでなく、数人でグループインタビューするのもよい方法です。

1 インタビューの目的と質問内容を決める

①何のためにインタビューするのか、目的をはっきりさせる

②つぎに、質問項目を思いつくままに出し合う

③質問項目をしぼり、大切なものから順に並べる

インタビューの目的と質問の内容を決めます。これがはっきりしないと、インタビューする相手が決まりません。

2 インタビューする相手を決める

①インタビューの相手を決める

②相手に連絡を取り、インタビューの目的を説明する

③相手の都合を聞いて、インタビューの日時、場所を決める

調べたい内容についてわかりやすく答えてくれ、自分たちでもインタビューをお願いできそうな人を選びます。

難易度★★☆

> **ヒント** あらかじめ用意しておいた項目以外にも、つぎつぎと質問したいことが出てくるなど臨機応変に対応できたなら、よいインタビューができた証拠です。インタビューが終わったら、感謝の気持ちを伝えましょう。みんなでまとめた結果も発表しましょう。

3 質問があったらどんどん聞く

- はたらいていて、いちばんうれしいことは何ですか？
- お客さんが、うちの佃煮を食べておいしいといってくれたときだな
- では、おいしくするために、心がけていることは何ですか？
- よい素材を選ぶこと、時間をかけてつくること。そして、心を込めて、ていねいにつくることかな

4 感想をまじえながら聞く

- なるほど。心を込めて、ていねいにつくることが、何よりも大切なのですね
- それを聞いて、ぼくも感謝しながら食べなければならないなと思いました

ただ質問するだけでなく、相手の答えに感想を交えながら聞くと、相手は自分の話を理解してくれたと感じ、気持ちよくインタビューに応じてくれます。

⑧ ブレインストーミ

話し合いをするとき、一部の人だけが発言し、ほかの人たちはだまって聞いているだけ、ということがよくあります。話すのが苦手な人ほど、発言しづらくなってしまいます。

そこで、4、5人のグループにわかれて、ブレインストーミングに挑戦してみます。みんなの意見を尊重する雰囲気がつくられ、発言することの楽しさを体験できます。

1 ブレインストーミングのルール

■やり方
① 4～5人のグループをつくる。
② 進行役を決める。
③ たくさんアイデアを出す。
④ 全員がアイデアを出す。
⑤ 人のアイデアを否定しない。

テーマにしたがって思いついたアイデアをどんどん出します。どんなアイデアでもかまいません。発言しやすい雰囲気をつくることがもっとも大切です。

2 発言しやすい雰囲気をつくるこつ

テーマ：学校の節電をどうするか

外の光が教室の奥まで届くように、大きな鏡をつけたらどうだろう

それ、いいね！

みんなで自転車をこいで電気をつければいいんじゃない？

みんな競輪選手になれちゃうねー

うなずきながら聞くと話し手は発言しやすくなります。「なるほど」と思うアイデアには「それいいね」などといいます。けして相手の意見に反対してはいけません。

難易度★★☆

ングを楽しもう

ヒント ブレインストーミングをすることによって、自分のアイデアを出すことに慣れさせることが目的です。しかし、自分の意見が否定されるかもしれないと思うと、アイデアを出すことはできません。人のアイデアを否定しないというルールを徹底し、自由に話せる雰囲気をつくることが重要です。

3 アイデアを出すこつ

- 事前にいくつか自分のアイデアをまとめておく
- 人のアイデアをヒントに連想する
- 人が出したアイデアを組み合わせて新しいアイデアができないか考える

進行役は、発言の少ない人に声をかけながら全員に発言してもらいます。発言を引き継ぎ、「同じような意見はありませんか」「ちがう意見はありませんか」などと声をかけると、みんなのアイデアを引き出すことができます。

4 アイデアをまとめる

アイデアは大きめのふせんや紙に書き出します。アイデアが出つくしたら整理し、同じようなアイデア同士でまとめ、そのまとまりにタイトルをつけて、ほかのアイデアのまとまりと比較しながらいちばんよいアイデアを選びます。

⑨ アイデアをランキ

ブレインストーミングで発言することに慣れたら、ランキングと呼ばれる方法を使って、出されたアイデアのなかからもっともよいと思われるものを選びます。ランキングとは、順位づけという意味です。みんなといっしょにアイデアに順位づけすることを通して、ひとりひとりのものの見方や考え方のちがいがよくわかり、話し合いによって、みんなでランキングをつくり上げることで対話する力が身についてきます。

1 ランキングするテーマを決める

＜例＞生きていく上で大切なものについて、9個の内容を決める。

①自　由	②友だち	③お　金	④学　習	⑤家　族
⑥趣　味	⑦時　間	⑧夢	⑨健　康	

テーマを決め、そのテーマにとって大切なものについてキーワードを出し合います。

2 ひとりでランキングをつくる

やっぱり、仕事をしていればお金が手に入るから、お金より、仕事が大事。家族がいないと、仕事をしていてもやりがいがないと思うから……

	テーマ	理由
1		
2		
3		
4		
5		
6		
7		
8		
9		

まず、ひとりでランキングします。順位づけの理由を明確にして、友だちに説明できるようにします。

ングしよう

難易度★★☆

ヒント 重要性、実現可能性などの視点からどのアイデアがいちばんよいか考えます。人によって価値観や考え方がちがいます。話し合いによって、みんなが納得できる順位づけをする方法を身につけましょう。

③ みんなでランキングする

「わたしがこのアイデアのなかでいちばんよいと思ったのは○○です」

各自ランキングの結果を理由とともに発表し合い、みんなで話し合いながら、最終的なランキングを決めます。

④ 順位づけができないとき

どれも重要に思えて順位づけすることができない場合には、ランキング用紙をダイヤモンドの形に並べて考えてみます。いちばん重要なものといちばん重要でないものを最初に決めて、順に、2番目以降を決めていくとランキングしやすくなります。

⑩ グループプレゼン

グループプレゼンテーションに挑戦しましょう。グループプレゼンテーションとは、みんなで意見を出し合いながらテーマについて調べ、その結果をまとめ、グループとして考えたこと、気づいたこと、提案したいことなどを報告する活動です。

みんながお互いに自由に語り合い、勇気を出して自分のアイデアを出し合うとよいプレゼンテーションができます。

1 どんなことを調べたらよいか、話し合って決める

テーマ
「この町をもっと住みよい町にするには、どうしたらよいか」

どんなことを調べたらいいかな？

アキラくんはボーイスカウトに入ってるんだよね？　何か意見はない？

かならず全員に発言してもらい、できるだけいろいろな角度から調べたいことを出し合います。

2 調査する

サトコさんは新聞委員だからお年寄りにインタビューしてみるのってどう？

ぼくは、いろいろ歩いてみて、危険な場所をさがしてくるよ

インタビューの方法やマナーなどを事前にたしかめます。また、調査によって新たな課題が出たら、それも調べておきます。グループのメンバーそれぞれの得意なことをいかすと、ひとりひとりの意欲が高まり、調査活動が活発になって、深まりのある内容になります。

難易度★★★

テーションをしてみよう

ヒント　グループプレゼンテーションを通して、対話力をはぐくむことが目的です。自由に話せる雰囲気をつくりましょう。調べたことを報告するだけでなく、気づいたことや、提案したいことなども発表すると、質の高いプレゼンテーションになり、達成感が高まります。

③ 発表の内容、話し手の順番を決め、リハーサルする

> ぼくたちは、ちょっとした段差なんて気にならないけど、お年寄りはそういうところで転びやすいんだって。
> これはきっと聞いている人が興味をもつと思うからぜひ発表しようよ

■やり方
① 調べたことから聞き手が興味をもちそうな内容を選びます。
② 続きを聞きたいと思ってもらえるような順番に並べます。
③ 発表者の順番を決めます。
④ リハーサルを繰り返し、みんなで意見を出し合いながら、発表の内容や方法の問題点を直します。
⑤ 発表に自信がない子がいたら、みんなで励ましたりアドバイスしたりします。

④ 発表・報告をする

● プレゼンテーション時に気をつけること

① 短いことばではっきりと話します。
② みんなで協力してプレゼンテーションします。
③ 気づいたことや、提案したいことは、はっきり伝えます。
④ 質問や意見を出してもらい、自分たちの回答もきちんと発表します。
⑤ できるだけ原稿を見ないで、相手に語りかけるように話します。
⑥ 決められた時間は守ります。

コラム 対話の積み重ねがよりよい人間関係をつくる

自分の気持ちを伝えることから人間関係がはじまる

　自分の気持ちや考えを口に出して伝えられないために、人間関係を上手に築くことができない児童が増えています。

　子どものけんかの理由を聞くと、「○○君が、ぼくのいやなことをいったから、けったんだ」といった返事がよく返ってきます。しかし、もし、いやな気持ちをことばで伝えることができていたら、相手を蹴ってけんかになるようなことはなかったかもしれません。相手の子どもも自分の言動を反省する機会になったかもしれません。

　友だちとのトラブルで悩んでいる子どもには、トラブルの原因を聞いた上で、自分の気持ちや考えをどんな風に伝えたらよいか考えさせ、どのように伝えるべきかアドバイスします。そして、自分の思いをしっかり伝え、相手の考えを受け止めなければ、互いの気持ちや考えを理解し合えないことに気づかせます。

対立や批判も対話で乗り越える

　一方、いじめの問題に象徴されるように、近年、異なる者が排除される風潮が強まり、自分のほんとうの気持や考えを心の中にしまい込み、他者の意見に合わせるだけの子どもたちが増えているように感じます。

　このことが、いまの子どもたちの人間関係の希薄さにつながっています。心をひらくことのできる友だちをつくり、よりよい人間関係を築くには、本音で語ることができるようにする必要があります。

　もちろん、他者と関わるなかでは、対立したり、意見を否定されたりすることもあるかもしれません。しかし、そんなときこそ、対話によって意見の違いを乗り越えたり、折り合いをつけたりすることが重要になります。

人との協同作業が自然な対話を生む

　とはいえ、本音で語り合うことがなかなかむずかしいのであれば、ほかの子どもとの協同作業を体験させることも効果的です。協同作業では、共通の目的をもって作業することを通して、必要に迫られてコミュニケーションを取らざるを得ないからです。

　たとえば、子どもたちが手をつないで輪になったまま、フラフープを1周させる活動（第5章3の②参照）では、「フラフープを移動させるのに、腕を上手に上げ下げするのがポイントだと思う」とか、「最初に足を通すと、あとはかんたんにフラフープの輪をくぐることができるのではないか」とか「フラフープを次にもらう人ができるだけ体を縮めているとバトンタッチしやすい」などの意見が自然に出され、知らず知らずにコミュニケーションが深まっていきます。

　このような協同作業を通じて、人と関わりコミュニケーションを交わすよろこびや、互いの存在を認め合い、尊重し合うことの大切さに気づいていきます。

解題

■家族とのコミュニケーションが子どもの対話力の土台になる

なぜ、人前でなかなか話すことができないのでしょうか。その原因として、大きく3つ挙げられます。第1に本人の内面の問題、第2に対話をする環境の問題、第3に対話の内容の問題です。

まず、子どもたちには自信をもって自分の思いを語る体験を数多くさせます。

そのためには、家族とのコミュニケーションの時間を多くとることがもっとも効果的です。家族にならば、子どもは安心して自分のことを話すことができるからです。家族とのコミュニケーションの時間を確保し、子どもが話すことに自信がもてるように育てていきます。

家族でのコミュニケーションをたくさん体験することによって、相手の目を見て話すといった対話の基本的なマナーやスキルが、自然と身についていきます。

子どもの話がつたないときには、それを補って理解してやるのではなく、わからない点をひとつひとつ質問して、わかりやすく話すことができるように導くことが大切です。

たとえば、「そのときはどんな気持ちだったの？」「どうしてそう思ったの？」「どれくらい時間がかかったの？」などの質問をすることで、話のキャッチボールが自然とできるようになっていきます。

また、その日のニュースや学校であったことなどについて家族で話し合うと、子どもたちは、対話することの楽しさを感じることができます。

■地域の人との交流で対話力を高める

実際の社会は、年齢、価値観ともさまざまな人びとで構成されています。

地域のさまざまな人びとと良好な関係を保ちつつ、自分の考えをしっかり主張し、協力して目標を達成するためには、対話力を高めておくことが大切です。

日ごろから、多くの人びとと交流して対話の体験を積み、話すことに自信をつけ、対話することの面白さを実感しておくことが効果的です。

そこで、近所の人とあいさつを交わしたり、行事に積極的に参加したりして地域の人びとと交流するようにします。子どもがストレスに感じないように、はじめは家族といっしょに参加したり、仲のよい友だちと参加させたりします。

近くの八百屋さんや肉屋さんなどで買い物をすることも、対話力を鍛えるよい機会です。最初は、「ナスをひと皿ください」「豚のモモ肉を200グラムください」など、実際の会話を想定し、セリフの練習して出かけるようにします。子どもは安心して買い物に出かけることができます。それに慣れたら、買い物リストだけを持って買い物に出かけます。

こうして、段階を踏むことで、子どもがまざまな人びとと対話できるようにしていきます。

■体験が対話への積極性を培う

　手で触れる、目で見る、耳で聞く、においをかぐ、舌で味わう、こうした五感を通じた体験は、子どもに大きな印象を残します。

　体験は、自然体験と社会体験に大別できます。さらに、成功体験、失敗・挫折体験、協働体験、異文化共生体験など、こまかく分類することができます。

　体験は直接的・相互的なため、さまざまなことを感じたり、考えたりできます。小さな子どもが花や虫を見つけると、母親にそれを伝えたくなるように、自分の体験を語りたくなります。

　ですから、体験は対話への積極的な姿勢を培い、表現力を高める有用な手立てでもあります。話すことに苦手意識をもっている子どもには、さまざまな体験をさせ、それを語る機会をもたせると対話力が高まっていきます。現場性と身体性を重視した体験をすることで、その体験をぜひほかの人に語ってみたい、伝えたいという欲求が高まるからです。

■授業に対話の機会を取り入れる

　授業中に自分の発言が先生や仲間に認められたときの子どもは、何ともいえないよい表情をします。高学年になると、すぐには表情には現さなくなりますが、体全体から、うれしい気持ちや得意に思う気持ちがにじみ出ます。

　授業は、子どもの対話力を高める有効な機会です。授業に意図的に対話を取り入れます。

　授業に対話を取り入れるにはつぎの3つの方法があります。

①授業全体を対話型にする

　パネルディスカッションや、ペア、グループ、学級全体での話し合い、スピーチなど、授業全体を対話型にします。

②プラスワン型

　授業の冒頭や終わりなどに対話の場面を設定します。

③スパイス型

　一斉指導の形式を取りつつも、子どもの思考を深めるために教師がさまざまな観点からの資料を用意し、子どもに示して質問をするなど、対話のよさを生かします。

　授業に対話の機会を取り入れる際には、学習の目的を達成するためにもっとも効果的な対話の形式を選ぶことが大切です。

■考えをまとめる時間を確保する

　対話においてきわめて大事なのは、考えをまとめる時間を保証することです。

　たくさんのことばが飛びかっても皮相的なやりとりでは、内容あるコミュニケーションがなされたとはいえません。話し合ってよかったと思えるのは、自分の考えをしっかりと相手に伝えることができ、かつ、相手の意見を聞いて気づかされ、結果的に自分の考えを広げることができたときです。

充実した話し合いをするためには、自由に思いを巡らしたり、相手のいったことを参考に、自分の考えを新たに再組織化したりする時間を確保することが大切です。相手の伝えたいことを的確に受け止め、よく考えてから発言するためには、それなりの時間がどうしてもかかるからです。

　考える時間を保証すれば、口べたな子どもも安心して自分の意見をまとめることができます。

　考えをまとめる時間は一様ではありません。たとえば授業の途中で質問し、２、３分間だけ黙って考える時間を与えたり、翌日までに考えてくるように指示したりします。いろいろなことを調査する必要があるならば、思い切って１週間の猶予を与えてもかまいません。さらにむずかしい課題について話し合うときには、１カ月の期間を与えてやることもあるでしょう。

　意見が対立しているときにも、少し考えを整理する時間をつくると、論点・争点が整理されて、合意形成ができたりもするものです。

■対話ができる雰囲気と環境を整える

　上下関係が強かったり、失敗が許されない堅苦しい雰囲気のなかでは、自由に語り合うことはできません。

　一方、受容的で開放的な雰囲気だと、頻繁に笑いが起こり、自由闊達に意見交換がなされ、批判的な発言や質問もすることができます。

　うまく話せなくても期待をこめて待っていてくれれば、あるいは十分にことばで表せなくても、意図をくみ取ろうとしてくれれば、子どもは勇気を出して発言することができます。

　机の配置や有無、議論する場所、グループの人数、服装なども話し合いの雰囲気を左右する要因です。

　小学校５年生を対象にした調査結果によると、グループで話し合いをする際、４名と６名ではメンバーの発言量に大きな差が出ました。１グループ４名ではすべての子どもが発言するのに対し、６名になると、ひとことも発言しない子どもが出てきてしまうのです。

　そのほかにも、授業の冒頭にアイスブレーキングをしたり、BGMを流したり、心なごむ絵や写真を掲示したりするなど工夫することで、子どもたちの心が解放されされ、対話が生まれやすくなります。

■ほめることで子どもの対話力を高める

　子どもたちの対話力を高めるためには、大人が積極的にほめたり、励ましたり、期待のことばをかけたりすることが有効です。ただし、「よかった」「がんばった」などを形式的にいうのでは子どもの心には届きません。子どもをほめるときは、次ページの表のような点に注意します。

■子どもをほめるときの注意点

①本気で子どものよさをほめる。
・相手の意見を聞いて、納得したら自分の意見を変えるのはいいことだね。 ・いろんな意見をうまく合わせて、新しい考えにまとめたのはすごいぞ。 ・できるだけ多くの人が意見を出せるように心配りしているのに感心した。
②子どもが努力したり、工夫したり、勇気を出したりして表現したことを見逃さず、それを具体的にほめる。
・最初に質問するとは勇気あるね。 ・表情や体の向きなどを工夫していたね。 ・最初のことばがとてもよかったので、みんなが興味をもって聞いていたね。 ・実際にものをさわらせて体感させているね。 ・ちがう意見を出したり、おかしいと思ったりしたことを指摘したのは、とても勇気がいることだね。
③本人も気づいていない独自の視点や斬新な感覚を見つけ、そこから話し合いが広がったり、深まったりするような助言をする。
・新しい視点からの意見や感想を出せたのがよかった。 ・だれも気づかなかったことについて質問できたことがよかった。 ・○○さんの意見があったから、話し合いがさらに深まった。 ・自分だけでなく、相手の立場も考えた意見だったのがよかった。
④子どもの個性や発達段階に応じたことばかけの仕方を工夫する。
・みんなの前でほめる。 ・授業後に本人にだけ伝える。 ・机間巡視しつつ肩をそっとたたいたり、小声でほめたりする。 ・よかったことをメモや手紙で伝える。

【参考文献】

直塚玲子『欧米人が沈黙するとき－異文化間のコミュニケーション』大修館書店、1980年
武満徹・川田順造『音・言葉・人間』岩波書店、1980年
Ｄ・カーネギー／市野安雄（訳）『新装版 話し方入門』創元社、2000年
Ｍ・ピカート／佐野利勝（訳）『沈黙の世界』みすず書房、1993年
鈴木孝夫『閉ざされた言語・日本語の世界』新潮選書、1975年
中島義道『＜対話＞のない社会』ＰＨＰ新書、1997年
Ｏ・Ｆ・ボルノー／森田孝・大塚恵一（訳）『問いへの教育』川島書店、1988年
田近洵一（編著）『子どものコミュニケーション意識』学文社、2002年
鷲田清一『「聴く」ことの力』阪急コミュニケーションズ、1999年
ＪＡＭネットワーク『親子で育てる「じぶん表現力」』主婦の友社、2002年
多田孝志『地球時代の言語表現』東洋館出版社、2003年
服部英二・鶴見和子『対話の文化 言語・宗教・文明』藤原書店、2006年
多田孝志『対話力を育てる』教育出版、2006年
Ｄ・ボーム／金井真弓（訳）『ダイアローグ 対立から共生へ、議論から対話へ』英治出版、2007年
遠藤誠治・小川有美『グローバル対話社会』明石書店、2007年
吉田敦彦『ブーバーの対話論とホリスティック教育』勁草書房、2007年
北川達夫・平田オリザ『ニッポンには対話がない―学びとコミュニケーションの再生』三省堂、2008年
多田孝志『共に創る対話力―グローバル時代の対話指導の考え方と方法』教育出版、2009年
Ｓ・サヴィニョン／草野ハベル清子・佐藤一嘉・田中春美（訳）『コミュニケーション能力 理論と実践』法政大学出版局、2009年
多田孝志『授業で育てる対話力―グローバル時代の対話型授業の創造』教育出版、2011年

●対話に関わる言説

「話し方は、疾く国語の一分科として設けられているが、これまで重視せられなかったのは遺憾である。近時この事実に気付いて、種々考究される傾きになったのは喜ぶべきである」
（澤柳政太郎『教育読本』第一書房、1937年）

「はなしことばの社会化、領域の拡大によって、私どもは今までのはなしことばに対する観念を改めねばならない。すなわち文字によって表わされたものが高くて、はなしことばによって表現されたものが低いという考えである」
（倉澤榮吉『國語教育概説』岩崎書店、1950年）

「学校の第一の仕事は協同的・相互扶助的な生活の仕方について子どもたちを訓練し、彼らの中に相互依存の意識をやしなうこと」
（Ｊ・デューイ／宮原誠一（訳）『学校と社会』岩波文庫、1957年）

「会議に出ても、自分の思っていることも自由に話すことも出来ないようでは、民主主義は成りたたない」
（唐沢富太郎『現代に生きる教育の叡智』東洋館出版社、1959年）

「身体を参加させる自他非分離的コミュニケーションという捉え方は、コミュニケーションを人々が頭脳と身体を使っておこなう共創として見るという新しい捉え方、すなわち「共創的コミュニケーション」という新しいコンセプトをもたらします」
（清水博（編著）／久米是志・三輪敬之・三宅美博（著）『場と共創』ＮＴＴ出版、2000年）

「他人なしの独立した自我などない」
（ハイデッガー／細谷貞雄（訳）『存在と時間』ちくま学芸文庫、1994年）

「会話は「機知に富む」ものでなくてはなりません。（略）いっさいのことは洗練された（上品な）表面にとどまるのです。
しかし、真の対話はすべての点で、まったくその逆です。真の対話においては、人間をその最内奥において動かすものが話題になるのです。真の対話のなかで真の内省の問いが口を開くのです。それゆえ、困難になると容易に一つの問題から他の問題へと移行することによって、問題を巧みにかわすことは許されません。真の対話は、その対象に頑として留まらなくてはなりません。それは真剣に、また頑強に、問いが投げかける疑わしさを耐え、こうしてその深部に迫るのでなくてはなりません」
（Ｏ・Ｆ・ボルノー／森田考・大塚恵一（訳）『問いへの教育』川島書店、1988年）

「対話の狙いは、全体的な思考プロセスに入り込んで、集団としての思考プロセスを変えることにある」
（Ｄ・ボーム／金井真弓（訳）『ダイアローグ 対立から共生へ、議論から対話へ』英治出版、2007年）

■著者紹介
【監修】
多田孝志（ただ・たかし）
目白大学人間学部児童教育学科教授。学習スキル研究会代表。
東京学芸大学教育学部卒業、上越教育大学大学院修士課程修了。東京都内の小学校、クウェート日本人学校、ベロオリゾンテ補習授業校、目白学園中学・高等学校、カナダ WEST VANCOUVER SECONDARY SCHOOL 教諭などを経て、現職。日本学校教育学会会長、東京大学教育学部・立教大学大学院・青山学院女子短期大学兼任講師。
「教育の真実は現場にある」「あらゆる教育活動は、事実として子どもたちの成長に資するときに意味を持つ」をモットーに、全国の教育実践者、研究者たちとともに、21世紀の新たな教育の創造を目指した活動に取り組んでいる。
■おもな著書
『学習スキルの考え方と授業づくり』（編著・教育出版、2002）、『地球時代の言語表現』（東洋館出版、2003）、『対話力を育てる』（教育出版、2006）、『共に創る対話力』（教育出版、2009）、『授業で育てる対話力』（教育出版、2011）など多数。

石田好広（いしだ・よしひろ）
足立区立梅島小学校副校長。学習スキル研究会会員。
環境カウンセラー、ネイチャーゲーム初級指導員。小中学校環境教育研究会、環境教育学会会員。

【編者】
学習スキル研究会
小学校から大学までの教師のほか、マスメディア関係者、民間教育関連団体関係者らが参集し、子どもたちのコミュニケーションスキルを高めるための指導法を開発、実践している。

【執筆担当者】
原幸子・磯田りえこ（小金井市立前原小学校）／市野菜穂子（新宿区立落合第六小学校）／白石邦彦（札幌市立清田小学校）／眞瀬敦子（練馬区立谷原小学校）／浅木麻人（品川区立上神明小学校）／山口修司（出雲市立伊野小学校）／岸伸太郎（板橋区教育委員会）／西尾恵理子（大田区立西六郷小学校）／米田典子・山崎里美（氷見市立久目小学校）／吉田祐子（山形市立南山形小学校）／濱内摩耶（足立区立西新井第二小学校）／蒲生純平（足立区立東伊興小学校）／小島雄貴（足立区立弘道小学校）／小川匠（足立区立上沼田小学校）／高木等（足立区立渕江小学校）／大熊拓（足立区立六木小学校）／中山博夫・平野めぐみ（目白大学）／川口修（江東区立第七砂町小学校）／多田亮介（コタキナバル日本人学校）／多田孝志／石田好広

イラスト版子どもの対話力
上手に意思を伝える43の対話トレーニング

2012年3月30日　第1刷発行

監　修　多田孝志＋石田好広
発行者　上野良治
発行所　合同出版株式会社
　　　　東京都千代田区神田神保町1-28
　　　　郵便番号　101-0051
　　　　電話 03(3294)3506 ／ FAX03(3294)3509
　　　　URL；http://www.godo-shuppan.co.jp/
　　　　振替　00180-9-65422
印刷・製本　株式会社シナノ

■刊行図書リストを無料送呈いたします。
■落丁乱丁の際はお取り換えいたします。

本書を無断で複写・転訳載することは、法律で認められている場合を除き、著作権および出版社の権利の侵害になりますので、その場合にはあらかじめ小社あてに許諾を求めてください。
ISBN978-4-7726-1021-6　NDC376　257 × 182
©Takashi Tada+Yoshihiro Ishida, 2012